MEMOIRES

DE

P. J. F. DE BOURGADE.

MÉMOIRES

DE

P. J. F. DE BOURGADE,

ÉCUYER, ANCIEN MAGISTRAT.

PARIS,

J. M. EBERHART, IMPR. DU COLLÉGE ROYAL DE FRANCE,
RUE DU FOIN SAINT-JACQUES, N° 12.

1825.

AVANT-PROPOS.

Après plus de trente ans d'infortunes, après une vie sans tache et sans reproches, après avoir appartenu au premier ordre de l'État, après avoir reçu de mon Roi légitime, l'auguste fonction de juger mes semblables, en récompense de ma fidélité à son service, après avoir toujours pratiqué les préceptes de la morale, de la probité et de la religion; je me trouve, à la fin de ma carrière, dans la cruelle nécessité de repousser l'accusation grave d'avoir voulu frustrer mes créanciers par de coupables manœuvres, de détruire les préventions que cette accusation fait planer sur ma tête, de défendre mon honneur compromis.

On me force, pour rendre hommage à la vérité, de révéler à la justice tous mes chagrins domestiques, d'en faire connaître la cause et l'auteur, de faire, en quelque sorte, l'histoire de ma vie, d'accuser un fils unique, de dévoiler le mystère d'iniquité que je voudrais ensevelir dans un éternel oubli.

On me force, après avoir été la victime de l'injustice, de la calomnie, après avoir perdu fortune, état, réputation et tout ce qui fait tenir à la vie; on me force, dis-je, de rompre le silence, de reparaître sur la scène du monde que j'avais abandonnée sans nul regret, de devenir le dénonciateur de celui qui me dut l'existence, pour qui je sacrifiai la mienne et qui devait assurer le bonheur de mes vieux jours, de celui qu'un intérêt mal entendu a rendu mon plus mortel ennemi, de celui qui, par plus d'un motif, aurait dû tout sacrifier, pour éviter l'éclat d'un procès scandaleux et pour suivre la voix du sentiment et de la nature.

Je m'acquitterai du pénible devoir que j'ai à
remplir, sans récrimination comme sans amer-
tume, mais aussi, avec franchise et sans faiblesse.
Si le récit que je vais faire rouvre toutes les bles-
sures de mon cœur, loin de moi cependant la pen-
sée de la moindre vengeance...... Je n'oublierai point
que je suis père. Ce titre m'a trop coûté, pour en
perdre jamais le souvenir... Les maux qui m'ont
accablé et qui m'accablent encore, ceux qui me
sont destinés pour l'avenir, ne me feront man-
quer, dans aucune circonstance, à ce que je me
dois, aux règles de bienséance qui sont à observer, même entre ennemis. Si je fus malheureux, imprudent, trop faible peut-être, du moins,
je ne fus, dans aucun temps, coupable. Au reste,
j'aurai le courage de reconquérir et de justifier
l'estime de mes concitoyens et de tous ceux qui
m'ont bien connu.

Le témoignage de ma conscience m'a consolé de
mes pertes, m'a constamment dédommagé de l'injustice de mes semblables, de la témérité de ceux
qui jugent sur les apparences et sans avoir entendu l'accusé ; qui, confondant la vertu malheureuse avec le vice triomphant, saisissent avec ar-
deur toutes les occasions de taxer d'hypocrisie les
individus moraux et religieux que la Providence
voue ici-bas à une destinée d'infortunes inattendues
et successives, destinée qu'ils ne peuvent éviter
et qui ne doit finir, pour eux, que lorsqu'ils cesse-
ront de vivre.

Oui ! j'ai bravé et je braverai encore l'injuste
opinion, le coupable jugement de tous ceux qui
m'ayant suivi, dès ma plus tendre enfance, qui, étant
depuis parvenus aux premiers rangs de la société,
ou qui, remplissant l'auguste ministère des autels,
se seraient prononcés contre moi, au mépris de ce
que la charité, l'indulgence pour le malheur, l'hu-

manité, la décence, l'équité, la religion comman-
dent, et auraient oublié qu'ils me devront compte
de la perte de ma réputation, et celui de tout le
mal que leur précipitation m'aura causé.

Je sais que peut-être on poussera l'animosité
jusqu'à révoquer en doute la vérité des faits que
je vais consigner dans ces Mémoires; qu'on m'en
fera un crime de plus; mais un jour viendra, sans
doute, où justice me sera rendue, où je pourrai
dire aux médisans calomnieux : soyez plus sages à
l'avenir; je vous pardonne tout le tort que vous
m'avez causé : puissiez-vous ne vous en plus souvenir que pour ne plus faire d'autres victimes de
votre zèle imprudent.

C'est librement, aujourd'hui, que je prends la
plume.... Dégagé de toute espèce d'influence,
n'écoutant que le cri de ma conscience, que la
voix de l'honneur, et prêt peut-être à descendre
dans la tombe, dont la série des malheurs qui
m'accablent, a, pour moi, devancé l'instant, je
veux, je dois satisfaire au besoin qui me presse
de dire la vérité et rien que la vérité.

Ce précis historique offrira donc le tableau de
ma vie privée et publique. Je le diviserai en trois
parties. La première comprendra une époque de
près de trente ans, jusqu'à la mort de mon épouse
arrivée le 15 Mai 1799 ; la seconde renfermera
l'histoire de la tutelle de mon fils, jusqu'à la première restauration; la troisième conduira jusqu'à
l'instant de ma démission conditionnelle de la
place de juge au tribunal de Coutances et à celui
de la cession de biens que j'eus le malheur de faire
à mon fils, cession qui me fut arrachée par violence, qui fut subordonnée au payement de mes
créanciers, cession qui ne fut faite que pour éviter peut-être un crime, cession convoitée depuis

longues années, cession conseillée, cession qui eut des complices, dans l'intérêt de mon fils, au détriment de mes créanciers.

Je dirai les causes qui m'y avaient réduit : j'en signalerai les perfides conseillers ; je détaillerai les malheurs qui furent la suite des entreprises ambitieuses dans lesquelles on me lança sans expérience, et qui ont fini par m'engloutir... Je ferai connaître les divers degrés de ma déconfiture, l'oubli, la perfidie de tous ceux qui auraient dû m'empêcher de tomber dans le précipice, au lieu de m'y plonger, qui auraient dû me prêter secours.... Je n'omettrai rien d'aucune des circonstances : je dirai tout. Je ferai les justes rapprochements qu'un tel récit nécessite. Je parlerai de mes créanciers, du genre, de la nature de leurs titres. Je prouverai que je ne voulus jamais leur faire tort, leur soustraire le gage de leur créance ; que mon fils, mon premier créancier, avait été chargé par moi de les désintéresser tous ; que j'avais fait, à cet égard, tous les sacrifices que l'honneur me prescrivait, même celui de mon état, sans nulle réserve. Je n'omettrai pas les intrigues, les violences, les menaces, les dangers pour ma vie et ma liberté, qui m'ont déterminé, contraint à l'acte forcé de la cession de mes biens, et je laisserai aux juges qui sont saisis de l'incident qu'elle a fait naître, à prononcer sur le mérite de cette cession, sur le sort d'un père dépouillé et qu'on a laissé sans nul moyen d'existence, sur celui du fils qui, détenteur à *vil prix* des biens qui étaient son gage et celui de mes autres créanciers, veut tout garder pour lui, et ne rien faire pour personne : enfin à prononcer sur le sort de ces mêmes créanciers dont les titres sur le père sont incontestables, quoique le mérite de leurs créances ne soit pas pour tous également recommandable.

(5)

J'avouerai que l'accord du père et du fils aurait pu les sauver *tous deux*, mais je ne tairai pas non plus la cause, les conseillers de cette funeste mésintelligence, et j'en ferai voir les tristes résultats.

Si quelques-uns des membres de la famille de ma femme figurent mal dans cet exposé véridique, ils ne pourront l'imputer qu'à mon obligation d'être vrai, qu'au refus constant d'un arrangement honorable, qu'à la coupable résolution de dépouiller le père pour faire tout passer sur la tête du fils, en oubliant les règles de la probité, de l'honneur et du devoir, en sacrifiant des créanciers, la plupart de bonne foi, en abandonnant à son malheureux destin, un père victime de son inexpérience, de sa faiblesse, de son excès de confiance, un père calomnié, délaissé, un père persécuté, menacé pour ses jours et sa liberté, un père dont l'existence est aujourd'hui miraculeuse. Ce tableau avec *pièces à l'appui* fera l'effet qu'on a lieu d'en attendre, et si les résultats en sont ruineux et terribles pour le cessionnaire, le fils ne devra s'en prendre qu'à lui seul.

Mais il reste encore à ce père de douleur le juste espoir que le ciel aura pitié de ses longues souffrances, qu'il aura égard aux motifs qui l'ont constamment dirigé et le dirigent encore, qu'il excusera des erreurs de calculs, de fausses spéculations en faveur de la pureté de ses vues.

Ce père n'aura jamais à se reprocher d'avoir occasionné sa ruine par l'inconduite ; il eut toujours des mœurs, des principes ; il suivit toujours la religion de ses pères : il trouvera donc, de la part du souverain Maître, l'indulgence et la justice que les hommes lui refusent.

Enfin il ose espérer que, peut-être encore, un résultat plus heureux que par le passé, lui assurera un avenir paisible qui le conduira en paix à la fin d'une carrière jusqu'à présent semée de bien des orages... Il ne sera pas trompé dans son attente. Dans tous les cas, il aura fait son devoir, quelque rigoureuse qu'en soit l'exécution, et il s'en remet avec confiance, pour tout le surplus, à l'Arbitre suprême de nos destinées.

A Dieu ne plaise que je veuille réveiller la cendre des morts!... que je veuille chercher à outrager la mémoire d'une épouse chérie, d'une belle-mère dont je dois oublier les torts, les conseils ambitieux!.... à Dieu ne plaise surtout que je puisse jamais perdre le souvenir de ce que le meilleur des pères, la plus tendre des mères firent pour moi!.... Oui! je dois ici en faire l'aveu solennel, ce fut aux seuls sacrifices de cette mère incomparable que j'ai dû d'avoir pu supporter pendant d'aussi longues années tous les coups du sort. Le ciel qui m'enleva, dans un court espace, père, enfants, épouse, fortune, me réservait pour le coup le plus cruel, la perte de ma dernière amie, de ma consolatrice, de ma malheureuse mère.

C'est en présence de leurs mânes sacrés que j'invoque; c'est sous les yeux de l'Eternel, de celui qui voit, qui sonde le fond des cœurs, que je vais faire la confession entière de ma vie, de mes actions, de mes sentiments.... Puisse un jour, et quand je ne serai plus, le fils unique qui m'y força, dont Dieu se sert, pour m'éprouver, pour me punir, lire cet écrit comme il doit être lu par lui!... Puissent les regrets, le repentir amener un juste retour sur lui-même!.... Puisse-t-il verser quelques larmes sur ma tombe!.... Puisse-t-il profiter de mes infortunes, pour en détester à jamais la cause!...Puisse-t-il devenir digne de ses aïeux!... et je serai consolé de mes souffrances, et je n'aurai rien perdu, et je me réjouirai dans mon tombeau..

MÉMOIRES

DE

P. J. F. DE BOURGADE,

ÉCUYER, ANCIEN MAGISTRAT.

PREMIÈRE PARTIE.

TABLEAU HISTORIQUE DE LA VIE DE L'AUTEUR
JUSQU'A LA MORT DE SON ÉPOUSE.

CHAPITRE PREMIER.

Naissance. — Éducation et destination de l'auteur pour la magistrature.

La ville de Bordeaux m'a vu naître... Originaires des environs de Condom en Gascogne, mes aïeux étaient venus s'établir dans la capitale de la Guienne. Ils y occupaient, depuis les dernières années du règne de Louis XIV, la place de substitut de messieurs les gens du Roi près le parlement.

Des lettres de noblesse avaient été accordées à ma famille.... Mon père, qui en était le cadet, avait exercé des places honorables, et notamment celle de la magistrature municipale... Il jouit, toute sa vie, de l'estime de ses concitoyens, et sut la mériter...

Le frère aîné de mon père n'ayant point d'enfant mâle, ce dernier se vit forcé de songer, pour la première fois, à l'âge de cinquante ans, au mariage auquel il avait renoncé.

Des amis respectables, et notamment le secrétaire intime du procureur général de Bordeaux, proposèrent à mon père mademoiselle Marie-Angélique Foussat... Cette union était sortable, sous tous les rapports humains et religieux... Ma mère apportait à son époux une fortune plus qu'ordinaire et des espérances dans les colonies.

Née à l'île de la Grenade, fille d'un officier des milices coloniales, dont les aïeux avaient occupé la place de maîtres des comptes à la cour de Montpellier, ma mère avait été élevée à Bordeaux, où son père avait des parents, et d'où il était originaire lui-même... Ayant perdu la mère de sa fille unique, il était venu s'y établir, après avoir épousé, en secondes noces, à la Martinique, une demoiselle Acquart. A sa mort, il fit passer une grande partie de la fortune de sa première femme sur la tête de la seconde, au détriment de sa fille, à qui elle appartenait, et qui ne voulut jamais critiquer les dernières volontés de son père, quoique frauduleusement arrachées à sa bonne foi. Elle exigea que son époux ne les contestât pas, et elle fut obéie par l'honnête homme auquel elle confiait le bonheur de sa vie.

Je fus le premier fruit de ce vertueux hymen...
Je vis le jour, après onze mois de mariage.

Le ciel bénit les deux époux... Plusieurs successions accrurent la fortune de mes parents.

Mon père, qui me destinait à la magistrature, me fit élever en conséquence.

Je fis mes études au collége royal de Guienne, sous l'égide d'un instituteur éclairé et chrétien, que mon père prit avec lui, sur lequel il se reposa du soin de former mon esprit et mon cœur.

Je parcourus les diverses classes des belles lettres avec succès et quelque distinction. Reçu maître ès-arts à quinze ans, après deux ans de philosophie, je commençai *avant seize ans* mon cours de droit à l'université de Bordeaux.

Cependant, en ornant mon esprit, mon vertueux père travaillait principalement à me former le cœur. Il m'avait inculqué de bonne heure les principes de la religion chrétienne. Ses exemples me la faisaient aimer, tout me prêchait la vertu dans la maison paternelle : ma mère rivalisait avec son époux. Je l'accompagnais dans tous ses exercices pieux pendant les premières années de mon enfance. Mon sage mentor m'entretint depuis dans l'usage chrétien des exercices que j'avais embrassés.

Reçu avocat, au mois d'avril 1789, je m'occupais de mon entrée prochaine dans la carrière de la magistrature ; j'avais alors dix-neuf ans ; j'allais débuter dans un monde que je connaissais peu ; je pensais ne devoir jamais quitter le toit paternel.

Mais celui qui conduit tous les évènements ici-bas, qui fixe la durée, la grandeur, la décadence des empires, comme la destinée de chacun de nous, vint changer, en un instant, toutes mes espérances de l'avenir. La fatale et mémorable époque des premiers troubles de 1789 arriva pour le malheur de la monarchie française et le mien.

***

CHAPITRE SECOND.

Événements de 1789. — Dangers que court l'auteur. — Sa conduite politique.

***

Elle sera à jamais mémorable dans les fastes de l'Histoire, dans les annales de la Religion, dans le souvenir des amis de la morale, de l'ordre et de la monarchie, cette époque où les Français abjurèrent une constitution qui leur avait donné plus de quatorze cents ans de gloire, d'honneur et de vertu.

Depuis long-temps l'incendie, qui éclata en 1789, couvait sous la cendre. Son germe prit naissance à la fin du siècle de Louis XIV, il se fortifia sous le régent, s'accrut sous le règne de Louis XV, et embrasa la France, l'Europe et presque le monde entier sous le bon et vertueux Louis XVI.

Les parlements, dont je devais faire partie, furent supprimés ; le code sanguinaire des proscriptions, des émigrés, sappa ma fortune jusque dans ses fondements, et les moyens qu'on me conseilla, par la suite, d'employer pour la rétablir, achevèrent d'en engloutir les débris.

Il me fallut prendre des précautions pour me soustraire aux coups de cette révolution inouïe. On crut qu'il était prudent que j'allasse en pays étranger, loin du toit paternel, des auteurs de mes jours, chercher un asile paisible que je ne pouvais trouver dans ma patrie. Le jour de mon départ fut fixé, ce jour fatal arriva dans le mois de mai 1791 : je quittai parents et patrie. Je vis commencer le cours de mes longues infortunes et fuir à jamais le bonheur.

CHAPITRE TROISIÈME.

Voyages. — Premier projet de mariage rompu. — Arrivée à Paris. — Union avec la demoiselle Alexandrine Taffart. — Conduite de la dame d'Arlincourt, sa mère.

J'étais dans l'âge où l'on aime à voyager, à voir par ses propres yeux ce qu'on a lu, ce qu'on vous a dit, et malgré la douleur de me séparer de tout ce qui m'était cher, je sentais le plaisir secret qu'éprouve le jeune homme instruit, qui, pour la première fois, parcourt des pays inconnus.

J'allai à Bayonne où je ne devais que passer, Ma destination ultérieure, ainsi que celle de mes compagnons de route, était pour Bilbao, ville maritime d'Espagne. Un évènement imprévu me fit abandonner ce projet.

On apprit, presqu'en même temps, le départ du roi et de sa famille et son arrestation à Varennes. Les frontières furent fermées ; il fallut renoncer, pour le moment, à quitter le sol français, et je résolus de me retirer à Bagnières de Bigorre. C'était la saison des eaux : nous y trouvâmes réunie la meilleure compagnie de France qui était venue y chercher sûreté, asile et repos.

Le procureur général du parlement de Bordeaux, ami particulier de mon père, y était avec son épouse et un de ses fils. J'eus l'honneur de le voir journellement et de profiter des leçons de ce respectable magistrat, qui, dans son arrière-saison, conservait toute la vigueur de l'âge mûr. Son fils, officier de la troupe de ligne, nous quitta bientôt pour aller à l'étranger rejoindre son corps et les Princes Français, qui, sur les bords du Rhin, avaient arboré le drapeau des lis, ce drapeau sans tache, proscrit alors en France, où il avait été si long-temps celui de l'honneur et le signal de la victoire.

Parmi les étrangers les plus respectables, alors à Bagnières, M. de Galibert, maréchal de camp, et sa famille y tenaient le premier rang. La plus jeune de ses deux nièces, mademoiselle Alexandrine Boudon de Reignac, méritait par ses vertus, mon hommage et mes vœux : elle les obtint et j'eus le bonheur qu'elle daignât les agréer ; et en quittant Bagnières au mois de septembre de la même année, mes concitoyens et surtout le procureur général me promirent de s'intéresser auprès de mes parens, pour une alliance sortable, sous les rapports de la naissance, de la fortune et de la vertu.

Nous nous séparâmes ; je m'arrêtai à Auch : la famille Galibert se retira à Agen, et mes amis, mes concitoyens retournèrent à Bordeaux.

Cependant je fis toutes les démarches pour faire consentir mon père à une union qui eût fait le bonheur de ma vie.

M. de Galibert se disposait à se rendre à Paris pour offrir ses services au malheureux Louis XVI, s'associer à ses dangers ou passer sur les bords du Rhin, suivant les circonstances.

Je le vis à son départ, et peu de temps après, je fus le rejoindre à Paris pour partager sa destinée. C'était dans les premiers jours du mois de mars

1792. Je vis tous les évènements de cette fatale année. Je vis la chute du trône, l'arrestation du roi et de sa famille... Je courus des dangers imminens; je n'échappai à la mort que par miracle et je quittai Paris avec M. de Galibert, le dimanche 2 septembre, jour de sanguinaire mémoire. Je revins à Bagnières; M. et madame de Galibert m'y suivirent de près. Ils n'y firent qu'un court séjour et retournèrent dans leurs foyers. Je passai l'hiver à Bagnières, à Agen, à Bordeaux, toujours occupé du moyen de faire réussir mon mariage.

Mon père avait fait des conditions qui furent refusées : ainsi s'anéantit l'espoir d'une union dont la rupture fut bien fatale pour moi.

Sur ces entrefaites, et malgré le système affreux qu'on venait d'adopter, j'eus le bonheur de me faire rayer de la liste des suspects avec mon père. A la même époque, j'appris que j'étais inscrit sur celle des émigrés. Il fallut parcourir de nouveau une partie de la France pour obtenir des certificats de résidence, et je me vis obligé de retourner à Paris dans le premier mois de 1794, ou dans celui de frimaire an II, règne à jamais déplorable du sanglant régime de la terreur.

Avant mon départ de Bordeaux, le sieur Duffaut, notaire de madame d'Arlincourt et de sa famille, m'avait donné une lettre pour elle. A mon arrivée, je la remis à son adresse. J'avais eu l'occasion de voir cette dame aux eaux.

J'avais reçu le plus parfait accueil de madame d'Arlincourt et de ses deux demoiselles; elle avait dès ce temps manifesté le désir de faire de moi l'époux d'une de ses filles. A son départ de Bagnières, peu de temps avant le mien, elle avait donné de mes nouvelles à mon père, en passant à

Bordeaux, et avait déterminé le notaire Duffaut à faire ses efforts pour former cette alliance.

La candeur, la dignité, les talents de sa fille aînée me plurent : elle avait tout ce qui peut captiver un homme vertueux. Mon père, qui avait refusé l'alliance de la famille de Galibert, dont les goûts simples s'accordaient mieux avec les nôtres, adopta celle de madame d'Arlincourt, malgré qu'il y eût de fortes raisons pour ne pas la préférer : d'abord, par l'état de grandeur dans lequel mademoiselle sa fille avait été élevée; ensuite, par le caractère particulier de la dame d'Arlincourt, dont la vie avait été un vrai roman, et qui était connue pour avoir toujours vécu dans l'intrigue et dans les traverses.

Les qualités personnelles de sa fille me donnaient, il est vrai, les plus hautes et plus justes espérances de bonheur; mais peut-être, et nous l'avons bien reconnu, Mademoiselle Taffart et moi, que nous aurions pu être plus heureux l'un et l'autre, si nous ne nous étions jamais appartenus.

Cette intéressante personne avait un penchant secret à la mélancolie qui lui faisait croire à une fatale destinée.

J'eus le bonheur de lui plaire. Elle me donna même la préférence sur d'autres rivaux. Je fus agréé de la dame d'Arlincourt : son époux consentit au choix de sa belle-fille bien-aimée.

J'avais alors à Paris un cousin germain, fils d'une sœur de mon père, chanoine et syndic de la cathédrale de Bordeaux. Il reçut des pouvoirs pour traiter avec madame d'Arlincourt.

Cette dame, dont la conduite du mandataire de mon père arrêtait les projets, ne put s'accorder avec lui. Elle avait des prétentions opposées à celles de mon cousin, qui soutenait mes intérêts et ceux de ma famille.

La dame d'Arlincourt ne réussissant pas auprès de mon cousin, s'attacha à me capter: elle y parvint sans peine. Je fus obligé alors de retourner à Bordeaux: je rendis compte à mon père de ce qui s'était passé entre son neveu et la dame d'Arlincourt, et le notaire Duffaut s'interposa de nouveau en faveur de la famille d'Arlincourt.

Sur ces entrefaites, on me proposait à Bordeaux un mariage des plus convenables.

La fatalité de mon destin fit encore refuser ce nouveau mariage. Mon père révoqua les pouvoirs qu'il avait donnés à son neveu, et en envoya de motivés à madame d'Arlincourt pour les faire remplir par son notaire M. Castel.

Cet homme était entièrement dévoué à la dame d'Arlincourt. Lors de son premier veuvage, il avait arrangé, suivant les désirs de cette dame, l'inventaire qu'elle avait été forcée de faire à la mort de M. Taffart, son premier mari.

Le sieur Castel, chargé de la procuration de mon respectable père, en usa au gré de la dame d'Arlincourt; il outrepassa les pouvoirs reçus, et le mandataire se fit fort de faire ratifier ces changements par mon père.

Cependant, le jour même du contrat, j'eus, à cet égard, une explication avec Madame d'Arlincourt: l'amour filial, le devoir, le pressentiment de mon sort futur parlaient à mon esprit et à mon cœur; mais M. Castel fit taire mes craintes : je cédai donc à ses conseils.

Le samedi 12 avril 1794, veille du dimanche des Rameaux, dans la maison de M. d'Arlincourt à Paris, et deux jours avant l'anniversaire de ma naissance, mon mariage fut d'abord consacré religieusement par M. l'Abbé Davaux, précepteur du fils de Louis XVI, et civilement le même jour, à la municipalité de Magny-les-Hameaux, près Versailles, commune dans laquelle était située la belle terre de Merautais, appartenant à M. d'Arlincourt, et lieu de sa résidence, ainsi que de sa famille, depuis la révolution.

De tous les témoins de ce mariage, il n'en reste plus aucun aujourd'hui. J'ai seul survécu pour gémir de ses suites et pour attendre l'instant où le Dieu de toute justice daignera adoucir mon sort et m'appeler à une meilleure vie.

CHAPITRE QUATRIÈME.

Mort de M. d'Arlincourt. — Minorité de ses deux enfants. — Conduite de l'auteur. — Son retour à Bordeaux. — Réception. — Contestation au sujet du contrat de mariage. — Procès à ce sujet entre le père et le fils. — Mort d'un premier enfant. — Maladies de madame de Bourgade. — Son origine. — Nouveau voyage à Paris.

Le 21 avril 1974 fixa donc pour toujours ma destinée !

Peu de jours avant, ma future belle-mère me conduisit au Saint-Esprit, hôtel aujourd'hui de la Préfecture, place de Grève. Elle me compta cent vingt mille francs en billets au porteur de M. d'Arlincourt, qu'on était convenu de me remettre. Elle m'en fit faire la déclaration : je me reconnus créancier de cette somme : je signai, comme tel, sur les registres ; je m'exposai, dans le cas où l'on m'eût forcé d'affirmer ma créance, à devenir faus-

saire et parjure, peut-être même, en cas de refus,
à expier ma témérité sur l'échafaud. Madame d'Arlincourt me reprit ces billets; et à la restitution
des biens des condamnés révolutionnairement et à
la liquidation de l'hérédité de M. d'Arlincourt,
elle a eu le soin de se faire payer du montant de
cette créance. Ce service fut gratuit de ma part,
et je dois, pour rendre justice à la mémoire de
mon épouse, dire ici qu'elle m'a avoué que si elle
eût osé, à l'époque où ce fait se passa, quoique
non encore mariée, elle m'eût prévenu du caractère de sa mère et m'eût engagé à ne rien faire, à
l'égard de cette déclaration de créance.

Je me suis toujours tu sur ce fait que je divul-
gue aujourd'hui. Mon silence antérieur ne peut
le faire révoquer en doute : Madame de l'Epinay,
ma belle-sœur, encore existante, en a connaissance;
d'ailleurs la vérité en est consignée sur les registres
de ces temps révolutionnaires, et ils peuvent être
facilement compulsés dans les dépôts publics qui
les recèlent... j'ai promis de tout dire, je rem-
plirai ma tâche avec la plus rigoureuse exactitude.

Cependant l'orage s'amoncelait sur la tête de
M. d'Arlincourt... Peu de jours après mon mariage, le 8 mai suivant, il périt sur l'échafaud.

J'étais à cette époque malheureuse, le seul des
enfans ou gendres du premier lit qui fût auprès de
Madame d'Arlincourt : ses deux enfans du second
n'avaient alors que six à sept ans... Que de maux
dont la mort inique de M. d'Arlincourt fut la
source !

Il avait péri victime de son dévouement à la
maison de Bourbon : il avait prêté des sommes
considérables à Louis XVI, à ses deux tantes, à
l'époque de leur voyage en Italie, à ses deux frères.

Sa créance s'élevait à trois millions écus. Plusieurs lettres honorables la confirmaient. Louis XVI avait recommandé M. d'Arlincourt et ses enfans à ses frères. Ces derniers, ainsi que M. de Calonne, lui avaient écrit qu'il n'y avait pas de places où lui et les siens ne pussent aspirer.

Cependant, ayant épousé sa belle-fille, et à ce titre, devenu son allié, n'ayant jamais démérité, ayant toujours eu l'honneur d'avoir été fidèle à mon roi, de n'avoir servi que lui, d'avoir été destitué dans les cent jours, je n'ai pu obtenir une justice que j'ai toujours vainement réclamée. J'ai été accusé, comme magistrat, par ceux qui, dans tous les temps avaient trahi la cause de la légitimité, et l'on a fait valoir, pour prétexte, mes dettes dont on ignorait l'origine, et l'on m'a condamné, sans m'avoir entendu, sans m'avoir permis de me défendre... mais il ne me sera peut-être pas impossible d'en faire connaître le motif dans la suite de ces Mémoires, et cette digression qui trouve ici naturellement sa place, ne sera point étrangère à mon sujet.

Les titres sur la maison de Bourbon furent soustraits à la fureur révolutionnaire... Il y avait avec eux beaucoup de choses précieuses enterrées dans le parc de Merautais, consistant en bijoux, argenterie, argent comptant, soit à M. d'Arlincourt et son épouse, soit à des amis.

Je fus chargé d'en faire la fouille... elle ne fut pas aussi heureuse qu'on devait s'y attendre... une partie des effets qui appartenaient à M. d'Arlincourt ne fut pas retrouvée... ma belle-mère ne craignit pas de m'accuser de les avoir soustraits à mon profit, et peu de temps après, le Moniteur annonça qu'on avait trouvé pour plus de cent mille francs écus d'effets , en argenterie et numéraire , chez un journalier de la commune de M. d'Arlincourt et qui travaillait habituellement chez lui... Ce fait eut encore pour témoins le sieur Fav~i, alors fermier de Merautais, M. le Chevalier de Septemville, alors caché chez M. d'Arlincourt, et depuis membre du Corps Législatif, à l'époque de la première restauration , et enfin la demoiselle Walton, anglaise, gouvernante des deux enfans de M. et Madame d'Arlincourt, et qui doit encore habiter chez M. Victor d'Arlincourt, devenu depuis le retour des Bourbons le Vicomte d'Arlincourt, auteur de plusieurs romans qui sortent chaque année de sa féconde plume.

La dame d'Arlincourt n'ayant que moi à qui elle pût se fier dans ce moment critique , me rendit forcément alors dépositaire d'une partie de ses secrets.

On avait retrouvé des titres de plusieurs amis dont M. d'Arlincourt avait placé les fonds à l'étranger avec les siens, ceux de M. de Launay, ancien intendant de M. le Duc d'Orléans, était de ce nombre... je dois ignorer ce qu'ils sont devenus... mais je sais qu'il s'est élevé une grande contestation à cet égard entre M. de Launay et la dame d'Arlincourt; mais je sais qu'à cette époque, et plusieurs années après, Madame d'Arlincourt a toujours agi dans le second veuvage comme dans le premier, faisant passer son second mari pour banqueroutier, ainsi que son premier M. Taffart... je sais encore qu'elle a constamment voulu que je fisse moi-même banqueroute.

Un sieur Ducolombier, agent de change, débiteur de M. d'Arlincourt, figure aussi dans son hérédité, et l'enlèvement qu'il lui fit de quelques fonds, put servir d'excuse aux manœuvres d'alors de Madame d'Arlincourt.... ; cependant depuis la mort de cette dernière, ses deux enfans ont été payés de la créance de leur père sur les Bourbons, et cette circonstance justifiera encore ma conduite de tout reproche et en fera ressortir le rapprochement avec celle de MM. le Vicomte et Baron d'Arlincourt.

Parmi les confidences de cette époque, celle d'une somme de plus de quatre cent mille francs numéraire appartenant à ma belle-mère et placée par son mari chez M. Duval, banquier diamantaire de la couronne d'Angleterre, est de ce nombre...... Ce fait important le deviendra bien davantage dans la suite de ces Mémoires.

Peu de jours après l'assassinat de M. d'Arlincourt, on fut averti qu'on viendrait mettre les scellés et des gardiens à son domicile... On prit des mesures en conséquence, et j'y présidai... Je sauvai une partie de la cave qui était précieuse en vins de toute espèce; le linge, dont j'expédiai au moins cent paires de draps, nappes et serviettes à proportion..... J'en chargeai plusieurs voitures qui suivirent Madame d'Arlincourt dans ses terres..... je ne quittai Mérautais avec ma femme que le jour où l'on vint nous en chasser.... On s'empara d'une partie de nos effets, et j'ai eu, par la suite, beaucoup de peine pour me les faire restituer. Ces faits ont eu pour témoins tous ceux qui habitaient Mérautais, le fermier Favri, la démoiselle Walton et plusieurs autres que j'indiquerai, en cas de besoin et de déni.

Comme noble, je ne pouvais alors habiter Paris et Bordeaux..... je pris le parti d'aller rejoindre ma belle-mère dans ses terres.... A chaque instant elle attendait l'ordre de sa captivité...... ce fut alors qu'elle voulut me charger du soin de veiller sur ses deux enfans pour leur tenir lieu de père, remettant à leur gouvernante une cassette dont je devais être le dépositaire, dans le cas d'un nouveau malheur..... il n'eut pas lieu, et tout fut oublié....

Cependant averti des dangers que couraient mon père et ma mère, je hasardai de partir pour voler à leur secours, pour leur présenter leur fille, pour mourir avec eux ou pour les sauver.

Cet acte de piété filiale n'eut point l'approbation de Madame d'Arlincourt... elle eut la cruauté d'échanger à sa fille de l'or pour des assignats dans leur valeur nominale, bénéficiant ainsi sur nous et profitant ainsi de la malheureuse position où nous étions, n'ayant que du numéraire et point de papier-monnaie, dans un moment où lui seul était en circulation... ce fait a pour témoins, indépendamment de la demoiselle Walton, tous les gens au service de la dame d'Arlincourt, dont plusieurs sont encore en vie et seront désignés, s'il est nécessaire...

Je m'arrêtai quelque temps à Versailles, pour ravoir mes effets saisis à Merautais... j'eus le chagrin d'y arriver au moment de la vente du mobilier du château de cette terre... je parvins sans accident jusqu'à la demeure, dans la commune de Belin, d'une tante de ma femme.

Je n'y restai pas long-temps... je fus mandé à Bordeaux comme réquisitionnaire... je revis mes vertueux parens... ils reçurent mon épouse avec une paternelle affection, et ne lui firent nullement connaître leur mécontentement, sur les change-

mens de leur volonté dans mon contrat de mariage.

Ma femme trouva à Bordeaux son frère Taffard,
et sa grand'mère paternelle... rien ne paraissait
devoir troubler mon bonheur... avec de la patience,
mon père eût fini par ratifier mon contrat de mariage... ma mère sollicitait pour nous, ils aimaient,
tous les deux, la compagne d'un fils unique.

Les dispositions de ce contrat portaient un engagement de la part de mon père, de cent vingt
mille francs pour capital d'un douaire de trois
mille francs, propre aux enfans à naître, d'un gain
de survie, d'un droit d'habitation.

La dame d'Arlincourt y avait stipulé une dot
de vingt mille francs, et au lieu de la payer comptant, comme mon père l'avait demandé, elle s'était
obligée seulement à n'en servir que la rente...
elle avait de plus fait une donation de cent mille
francs à prendre après sa mort, sur les plus appa-
rens biens de sa succession... au surplus, elle avait
porté fort haut la fortune qu'elle laisserait à ses
enfans, et ils devaient, suivant ce qu'elle ne ces-
sait de dire, avoir chacun au moins trois cent
mille francs, à sa mort.

D'après les conseils des faux amis de ma femme,
bientôt la mésintelligence régna entre elle et mes
parens... elle voulut s'en séparer; elle exigea que
je leur demandasse les moyens de faire ménage à
part; elle exigea que je leur demandasse de force,
à défaut de bonne volonté, la ratification de son
contrat de mariage; attendu que le refus de mon
père à cet égard, pouvait, lui avait-on dit, la
déshonorer... je cédai à ses instances réitérées et
j'eus la faiblesse, je dois même dire, la coupable

témérité d'attaquer le meilleur des pères. Des arbitres furent nommés, ils me fixèrent une pension ; mon père fut obligé de payer environ sept mille francs de dettes que j'avais contractées envers un sieur Trubert dans mes voyages, et avant mon union avec la demoiselle Taffart... je me séparai des auteurs de mes jours ; je quittai la maison paternelle ; j'eus la cruauté d'abandonner un père, prêt à descendre dans la tombe, d'empoisonner ses derniers instans, de vivre loin de lui et de ma mère, dans la même ville... je ne saurais assez exprimer mes justes regrets et le repentir sincère qui m'en restera jusqu'à la fin de mes jours. Mon excuse est dans l'amour mal entendu que je croyais devoir à la compagne de ma vie, et cependant on a voulu persuader le contraire !

Néanmoins, au moment de nous séparer, je priai mon père de regarder tout ce qui avait eu lieu entre nous, comme non avenu, et de me garder avec lui... il y aurait obtempéré ; mais ma mère fut alors d'un avis différent, et nous nous séparâmes.

Bientôt après, ma femme me donna un premier gage de notre amour, c'était une fille... elle vint morte au monde, sa mère ayant été accouchée d'elle avec des fers... ainsi, déjà, semblait peser sur nous la main vengeresse du Très-Haut.

A la suite de cette laborieuse couche, ma femme se plaignit de douleurs violentes d'estomac, dont je lui avais vu des attaques, même avant notre union... ces douleurs étaient locales et au même endroit du corps... je la questionnai à ce sujet, et j'appris que, dans son enfance, ayant été blessée par un corset, il s'était formé un suintement dans la partie extérieure malade ; que la dame, sa mère, prévenue, avait ordonné qu'on lavât la plaie avec de l'eau, que le mal répercuté avait fait des progrès dans l'intérieur, et qu'effectivement il s'était formé, dans cette partie intérieure, comme un espèce d'œuf qui embarrassait l'intestin qu'on appelle le pilore.

Ce fait, qui a pour témoins tous ceux qui ont approché ma femme dans son enfance, notamment la dame de l'Epinay, sa sœur, Miss Walton, toutes deux encore existantes, doit d'autant plus être constaté que malheureusement le mal qui en a été la suite, a tellement empiré, par plus d'une cause, qu'il a fini par conduire mon épouse au tombeau.

On ordonna, à cette époque, un traitement à ma femme... toute la faculté de Bordeaux fut consultée, même celle de Montpellier, et entr'autres, le fameux Fouquet, alors existant, envoya une consultation savante qui fut suivie, mais sans fruit.

Ce récit conforme à la vérité, et qui pourrait être attesté par des témoins encore existants à Bordeaux, détruit les injustes préventions qu'on a élevées sur mon compte, et dont on a imbu mon fils contre moi, préventions qui me faisaient l'auteur et la seule cause du décès de son intéressante mère.

Cependant elle s'était relevée de sa première couche, et ses amis m'ayant conseillé de négocier sur les assignats en hausse à Bordeaux et en baisse à Paris, je fis la faute d'emprunter d'un nommé Baron, cent vingt cinq-mille francs en assignats; ce qui fut ma première dette contractée depuis notre mariage, et dont on verra par la suite le résultat.

Je quittai mon père, alors très-malade... ce voyage me priva de recevoir ses derniers adieux et sa bénédiction qu'il n'eût point refusée à mon amour et à mon repentir... je quittai aussi ma femme, toujours pour ce que je croyais être son bonheur... je restai peu dans la capitale; je fus voir ma belle-mère à sa terre de l'Épinois... au bout de quelques jours, nous revînmes ensemble à Paris, où je devais apprendre la nouvelle d'un malheureux évènement, nouvelle qui influa sur le reste de ma vie et qui hâta mon retour.

CHAPITRE CINQUIÈME.

Décès du père de l'auteur. — Établissement de ce dernier à Paris avec son épouse. — Mort d'un second enfant. — Continuation de la maladie de madame de Bourgade. — Mauvaises connaissances. — Perfides conseils. — Commencement de l'affaire Bonnevault.

J'avais heureusement terminé mon échange d'assignats; j'y gagnai même les frais de mon voyage. Je trouvai mon épouse en parfaite convalescence de sa couche; mais ayant ses maux d'estomac ordinaires. Je vis le lendemain, ma malheureuse mère : nous pleurâmes ensemble l'époux qu'elle avait perdu, qui avait fait son bonheur, qui voulut si sincèrement le mien, et qui était mort comme il avait vécu, c'est-à-dire, en homme de bien et en chrétien soumis.

Ses dernières volontés me furent exhibées. Il me recommandait les plus grands égards pour ma mère : il fut obéi. On procéda à la liquidation des droits communs, par voie d'arbitres nommés amiablement de part et d'autre : ma mère fut la maîtresse du partage du mobilier : les immeubles furent également partagés entre nous.

Madame d'Arlincourt avait écrit à sa fille de venir la rejoindre. Ma femme ennuyée de Bordeaux, où elle avait éprouvé des contrariétés et une issue d'affaires domestiques qui lui laissaient des souvenirs pénibles et peut-être des remords, me sollicita de quitter ma patrie, et d'aller nous établir à Paris. J'y consentis pour lui plaire. Je vendis mon mobilier ; je vendis deux maisons à vil prix pour du numéraire, et avec un capital considérable, et dont je ne croyais ne voir jamais la fin, me promettant, au contraire, de le faire avantageusement valoir, j'arrivai à Paris dans les premiers mois de l'an IV, avec mon épouse, enceinte pour la seconde fois.

La dame d'Arlincourt, qui avait offert à sa fille un logement qu'elle avait à Paris sous le nom de cette dernière, et qui était instruite de son arrivée, n'avait pas cru devoir le lui faire préparer. Un ancien locataire nous reçut, et après bien des difficultés, la dame d'Arlincourt envoya enfin à sa fille qui était à la merci des étrangers, la clef du logement promis.

Ce début n'annonçait pas à mon épouse de bonnes intentions de la part de sa mère. Le chagrin qu'elle ressentit d'avoir été trompée dans ses espérances nuisit à sa santé. J'étais d'ailleurs tracassé pour la première réquisition, et je n'obtins qu'avec beaucoup de peine mon congé absolu du directeur Carnot. Aussi, peu de temps après notre arrivée à Paris, ma femme fit une maladie fiévreuse et putride : une fausse couche s'ensuivit : elle donna le jour à une fille qui ne vécut qu'un mois ; la perte de cet enfant, le seul dont j'aie entendu les premiers cris, qui, la première, me fit goûter le plaisir de la paternité, fut le prélude de tous mes malheurs, et le premier qui affecta sensiblement mon cœur.

La maladie chronique de mon épouse s'était ré-
veillée avec des symptômes alarmans. Les médecins de la capitale parvinrent, après un long traitement, à adoucir son mal, et à prolonger ses
jours, pour lesquels on avait eu de justes craintes,
depuis sa seconde couche.

A cette époque, Madame d'Arlincourt s'était
rapprochée de sa fille; elle avait été la marraine
de notre enfant... A la convalescence de ma femme,
elle réclama son logement, et nous fumes obligés
d'en prendre un dans un hôtel garni. Cependant
nous nous voyions toujours : elle entretenait sa
fille et moi de moyens d'occupation, lui proposa,
lui indique des connaissances, parla de fournitures
à faire pour utiliser nos fonds, d'échanges de numéraire, d'agiotage. Ces connaissances commencè-
rent par me faire perdre beaucoup sur l'échange
de notre numéraire. Elles me lancèrent dans de
premières fournitures qui me furent assez avan-
tageuses, et j'éprouvai le sort ordinaire d'un novice
qui fréquente, pour la première fois, une maison
de jeu. Mon premier gain m'allécha, et je me livrai
à ce hasardeux commerce.

Une famille distinguée de la Bretagne était alors
intimement liée avec le Ministre de la Marine.
Cette famille était connue de madame d'Arlincourt.
On négocia avec elle et avec les connaissances perfides qu'on m'avait fait faire, l'obtention d'une
fourniture de *sept mille tonneaux* de vin de Bordeaux à effectuer dans les ports de la Bretagne. Je
devais figurer dans cette fourniture, moins comme
membre que comme caution de la compagnie, qui,
sous la raison Bonnevault, devait l'effectuer.

Au moyen d'un pot de vin d'environ trois cent
mille francs numéraire qu'on exigeait, on promit

de faire donner une avance de deux millions écus
à titre de dépôt et sûreté du payement des fournitures. Le chemin de la fortune paraissait ouvert
devant moi ; ma belle-mère était ravie ; mon épouse
avait les plus flatteuses espérances; mais elles
devaient bientôt s'évanouir !

Le notaire du gouvernement ne convenant pas
aux associés, on choisit le sieur Castel, notaire de
la dame d'Arlincourt. Trois millions de florins en
rescriptions bataves, pour tenir lieu des deux millions écus, gage des fournitures, furent déposés
chez ce notaire.

Il était tout simple de laisser, en ses mains, ce
dépôt, d'emprunter sur lui, par le canal de ce notaire ou de tout autre, ce qui pouvait facilement
avoir lieu : on préféra de lui acheter ce dépôt. Il le
vendit cinquante mille francs, et ce dépôt fut à
l'instant remis aux frères Enfantin, banquiers, qui
ouvrirent un crédit à la compagnie Bonnevault.

Le pot-de-vin fut payé. Je n'étais pour rien
dans la manutention et dans l'administration des
fournitures ; je n'avais point la signature. Celui
auquel elle avait été confiée, en usa à son gré : il
ne présentait aucune responsabilité, et par conséquent, n'avait rien à craindre. J'étais le seul os-
tensible et un peu solvable ; je devins aussi le seul
sur qui tombèrent les résultats.

L'escamotage du pot-de-vin avait rendu silen-
cieux les faiseurs de cette affaire. On s'occupa enfin
de faire la livraison. Bien faite, elle pouvait encore
tout sauver. On se disposa à partir pour Bordeaux
afin d'agir avec succès, et on voulut que ma femme
et moi, fussions du voyage.

Je n'avais rien touché du pot-de-vin ; mais ma
bell-mère en avait eu sa portion, en récompense

de ses soins , et en contr'échange de près de deux mille bouteilles de vieille eau-de-vie qu'elle avait vendues très-cher aux membres de la compagnie. Nous lui fîmes nos adieux , et nous partîmes pour Bordeaux , à la fin du mois de décembre 1796.

CHAPITRE SIXIEME.

Opérations à Bordeaux. — Succession Tahart-Taffart. — Retour à Paris. — Suites funestes de l'affaire Bonnevault. — Départ précipité de l'auteur. — Naissance de son fils.

Il était très-facile de faire à Bordeaux la fourniture de sept mille tonneaux de vin. On eût compensé, en l'effectuant, les pertes à éprouver sur la négociation des rescriptions bataves; mais on choisit mal celui qui devait l'opérer.

On avait donné ordre à MM. Enfantin, avant le départ pour Bordeaux, de vendre ces rescriptions. Ces banquiers s'étaient associés , à cet effet, avec la maison Brunet et Bouchelot d'Amsterdam.

Le sieur Brunet, alors à Paris, avait emporté ces rescriptions : il avait indiqué à Bordeaux, pour l'exécution du marché, son associé Labarère, homme adroit, qui avait fait plusieurs fois banqueroute, et qui, s'étant relevé par son adresse, jouissait encore d'un certain crédit sur la place de Bordeaux.

Plusieurs négocians fameux et recommandables briguaient de faire une opération lucrative dans tous ses résultats; mais par suite de ma fatale destinée, on choisit celui qui en était peut-être le plus indigne, et qui pouvait mieux la faire échouer.

Labarère fournit des vins défectueux : il écrivait à son ami Brunet, qu'ayant une bonne affaire à exploiter, il était tout simple qu'on dupât les novices auxquels elle était confiée, et que sa maison en profitât ainsi que lui. Ce fait résulte de la correspondance de Labarère déposée au greffe des tribunaux de Bordeaux.

De leur côté, les sieurs Brunet et Bouchelot avaient tiré la quintessence de la négociation des rescriptions. Ils s'étaient entendus avec des agens de change d'Amsterdam qui leur avaient donné de faux certificats de vente au-dessous du cours, et il apparaîtra, par la suite de ces Mémoires, que ces rescriptions, au lieu d'avoir été vendues, avaient seulement été mises en dépôt, pour fournir à la compagnie Bonnevault, les crédits successifs s'élevant ensemble à quatorze cent mille francs écus, somme qu'on lui accusait être le produit de la prétendue vente.

A la même époque, mourut à la Teste de Busch, la grand'mère paternelle de mon épouse. Son frère, M. Taffart, avait fait vendre illégalement et à son profit, la majeure partie des immeubles de la grand'mère commune. Il en avait touché le montant; en sorte que cette succession se trouvait être peu considérable; mais cet article, qui entre dans le tableau de la tutelle, sera discuté plus amplement dans la seconde partie de ces Mémoires.

Egalement alors, comme nous n'avions point d'enfant, ma femme et moi, fîmes nos dispositions testamentaires, par lesquelles nous nous donnions tout au dernier vivant. Ces actes furent déposés chez le notaire Delaville à Bordeaux.

Cependant, tandis qu'on faisait la fourniture à Bordeaux, le membre, signataire de la compagnie, fit un voyage à Paris pour intriguer de manière à parer le coup qui allait nous frapper tous : il fut sur le point de réussir ; mais, ayant enfin échoué, il revint à Bordeaux, et décida qu'il fallait faire une honnête banqueroute.

En conséquence, il se munit d'environ quatre-vingt mille francs : il n'y eut que pour neuf cent mille francs de fournitures effectuées ; ainsi le déficit, au préjudice du Trésor, pouvait être de onze à douze cent mille francs.

Je fus atterré de ce coup inattendu. On convint de mon retour à Paris pour tâcher d'arranger, s'il était encore possible, cette malheureuse affaire. Le membre, signataire de la compagnie, resta à Bordeaux.

Je fus m'établir à Versailles, avec mon épouse, chez madame d'Arlincourt, qui y avait alors sa résidence. On agit avec la famille de Bretagne et un sieur Bubaton, agent intermédiaire de cette fourniture.

Tous mes efforts furent infructueux ; le notaire Castel, questionné d'une autre part par les agents de la trésorerie sur les rescriptions bataves qu'on lui avait confiées, et qu'on lui redemandait, avait déclaré les avoir remises à la compagnie, dont il représentait le reçu.

Il n'y avait donc plus un seul instant à perdre. On craignait pour ma liberté : je quittai précipitamment Versailles, laissant mon épouse enceinte de son troisième enfant, et je me rendis auprès de ma mère, pour nous concerter ensemble sur les mesures promptes qui nous restaient à prendre pour sauver les débris de notre fortune commune.

Pendant qu'on effectuait à Bordeaux les fournitures dont nous étions chargés, j'avais échangé deux de mes maisons pour une métairie que mon fils possède aujourd'hui. D'accord avec ma mère,

après avoir mis en règle ses reprises et ses jouissances, fort des dispositions de mon contrat de
mariage et de la vente de la dernière maison qui
me restait de la part que j'avais eue dans la succession paternelle, j'attendis, dans la plus profonde
retraite, le coup qui, à chaque instant, pouvait me
frapper.

Tous les membres de la compagnie s'étaient
sauvés, emportant des fonds du Trésor. Je fus le
seul qui crût ne pas devoir m'en approprier la
moindre partie, qui pensât à ne pas devoir fuir
dans cette circonstance; voulant du moins, si j'é-
tais coupable d'une imprudence, d'un excès de
confiance et de faiblesse, conserver l'honneur qui
était le seul bien qu'on ne pouvait me ravir.

Ayant quitté Versailles, au mois d'octobre 1797,
je fus séparé de mon épouse presque tout le temps
de sa grossesse. Elle n'en fit pas moins les démarches les plus actives. Déjà des espions de la
police de Paris étaient venus me chercher à Versailles. J'en fus prévenu à Bordeaux. Je me con-
duisis en conséquence, et je me cachai chez des
amis.

Tandis que j'étais sous les coups du malheur,
ma femme, à Versailles, le 15 février 1798, m'a-
vait rendu père du fils qui me force aujourd'hui
à écrire ces Mémoires.

Je n'assistai point à sa naissance ; je n'ai assisté à aucun acte sérieux de sa vie : triste pressentiment qui semblait m'avertir que nous serions
plus qu'étrangers l'un à l'autre.

Cependant je ressentis la plus grande joie de
cet évènement.

Ma respectable mère partageait mes transports,
et nous passâmes ainsi entre la crainte et l'espé-

rance, tout l'hyver de 1798. Le retour du printemps devait être l'époque du complément de tous mes maux.

CHAPITRE SEPTIÈME.

Réception à Bordeaux de la dame Bourgade et de son fils. — Arrestation. — Translation à Paris. — Procès criminel. — Renvoi en police correctionnelle. — Plainte d'un sieur Nègre. — Arrangement avec lui. — Mort de l'épouse de l'auteur.

Mon épouse m'avait annoncé son retour forcé à Bordeaux. La dame d'Arlincourt ne voulait plus garder chez elle sa fille, qui cependant avait toujours payé le tiers de la dépense, et pour l'obliger à prendre son parti, elle avait pris la résolution de se fixer dans ses terres de Picardie.

La dame d'Arlincourt craignait les suites de la lutte qui allait s'engager entre le trésor et moi. Une plainte avait été portée contre les membres de la compagnie de Bordeaux. Le procès s'instruisait : plusieurs individus, et notamment le notaire Castel, étaient détenus à la Force ; il n'était pas dans l'intention de ma belle-mère, de venir, dans cette circonstance, au secours de sa fille et de son gendre, soit de sa bourse, soit de ses démarches.

Elle s'appropria même certains meubles que ma femme avait fait apporter chez sa mère et qui n'ont jamais été payés. Elle n'eut pas pitié de son petit-fils, qu'on nourrissait à la phiole, qui n'avait que trois mois et auquel le long voyage de Versailles à Bordeaux pouvait devenir funeste. Ma femme n'eut d'autres secours que de son époux et de sa belle-mère. (Mêmes témoins que ceux déjà indiqués.)

3

Ma malheureuse épouse qui n'était point encore relevée de ses couches partit accompagnée d'un honnête habitant de Versailles... Son voyage se fit sans accident ; je fus à sa rencontre... Ma respectable mère ouvrit les bras à son intéréssante belle-fille. Elle bénit son petit-fils, l'héritier d'un nom, jusqu'alors sans tache et qu'on voulait avilir dans ma personne.

Cependant l'ordre de mon arrestation avait été envoyé à Bordeaux. Son exécution n'avait été retardée que par la considération dont jouissait ma famille. Plusieurs lettres de Paris m'annonçaient de me tenir sur mes gardes... En effet le surlendemain le l'arrivée de mon épouse, on vint m'arrêter dans mon domicile.

Tout ce qu'il y avait de plus respectable dans Bordeaux, s'intéressa pour adoucir mon sort. J'eus tous les égards que je devais attendre. Je voyais ma famille à chaque instant du jour.

Ce coup affreux empira l'ancienne maladie de ma femme que sa troisième couche avait ressuscitée... Je ne fus point conduit à Paris de brigade en brigade, mais seulement avec deux gendarmes qui me laissaient, dans la route, une honnête liberté... Ma femme m'accompagna jusqu'au bord de la Garonne, et elle me dit en m'embrassant, ces mots que je n'oublierai jamais : adieu, mon ami, sois homme... Je restai deux jours à Paris, j'y vis mes amis, je me concertai avec eux. Le frère aîné de ma femme s'employa pour moi, M. Cheauveau la Garde se chargea de ma défense.

Un ancien magistrat de Bordeaux était alors directeur du jury et instructeur du procès contre la compagnie Bonnevault. Je fus d'abord détenu à la Force où je trouvai un parent et une très-bonne compagnie, tous détenus comme suspects et prévenus d'émigration.

Les débats du procès eurent lieu le 6 octobre 1798 et finirent le 8. Je fus libre le lendemain.

De ma prison, j'avais demandé des secours à ma belle-mère, qui m'avait froidement répondu n'avoir pas douze francs à mon service, et elle me devait plusieurs années d'arrérages de la pension de sa fille.

Cette dernière était restée à Bordeaux, et sa touchante correspondance où était peinte sa belle ame, me consolait de la dureté de sa mère.

La mienne fit ce que l'autre ne voulait point faire... je ne manquai de rien. Déjà de ma prison j'avais su que les banquiers Enfantin, Brunet et Bouchelot avaient fraudé, tout au moins dans la négociation du cours accusé par eux ; on négocia avec les sieurs Enfantin, qui ne voulurent point s'exécuter, mais je rendis plainte contr'eux à ma mise en liberté, et elle eut les suites qu'on verra ci-après.

En étant acquitté au criminel, j'avais été renvoyé en police correctionnelle, sous mandat de comparution... Je ne pus par conséquent, obtenir de passe-port pour mon retour avant que cette nouvelle instance fut vidée.

Le lendemain de ma mise en liberté, un sieur Nègre, qui avait figuré dans l'origine de l'affaire Bonnevault, rendit plainte contre moi, pour me forcer comme membre ou caution de cette compagnie, à un arrangement avec lui... il eut lieu en présence de mes conseils, et il fut promis au sieur Nègre sept mille francs à payer sur ce qui devait rentrer, par l'effet des poursuites contre Enfantin frères, Brunet et Boucherot.

3.

L'ennui avait pris mon épouse à Bordeaux, et malgré le dérangement de sa santé, elle vint me rejoindre, dans les premiers jours de mars 1799... ma mère lui avait fourni les moyens de se rendre près de moi... nous devions retourner auprès de cette bonne mère, aussitôt que le procès correctionnel aurait été vidé... ma femme n'eut pas cette satisfaction; sa maladie, dégénérée en obstruction au pilore, empira à un tel point, qu'elle ne pouvait plus prendre aucune nourriture sans la vomir. Les médecins les plus célèbres furent appelés, tous les remèdes lui furent prodigués... elle parut désirer voir, encore une fois, tous les siens; je les réunis avec sa mère, autour de son lit de mort. Elle me témoigna toute la reconnaissance que son cœur sentait de cette dernière preuve de notre malheureux amour. Je fus le seul à qui elle fit ses adieux, en me disant qu'elle allait rejoindre mon père... Madame d'Arlincourt présente aux derniers instans de sa maladie, malgré l'embarras de ma position, malgré les soins qu'exigeait l'état de sa fille, et qui lui étaient prodigués, ne voulut rien faire pour moi, dans cet instant critique... Ses yeux furent constamment secs... mon beau frère, M. de l'Epinay fut le seul qui prit part à ma douleur... pour se disculper, ma belle mère répandit le bruit que j'étais l'auteur de la mort de sa fille. Ces calómnies ont germé dans l'esprit de mon fils, et nous avons toujours été désunis.

Le 15 mai 1799, je perdis la plus aimable femme, et digne à tous égards d'un meilleur sort.

Mes hôtes consultèrent Madame d'Arlincourt et ses enfans pour savoir quels honneurs ils voulaient tous qu'on rendit à sa fille et à leur sœur... Peu m'importe, dit-elle, qu'on la jette si l'on veut à la voirie... On fut plus humain, des étrangers lui rendirent les derniers devoirs.

J'étais logé alors chez M. de Salamon, aujourd'hui évêque de Saint-Flour... ce témoin irréprochable, s'il est consulté, ne pourra que confirmer la vérité de ce que j'avance.

Malgré ma douleur, il fallut penser à ma tutelle qu'on voulut m'ôter... Je fis des démarches en conséquence : elles furent, pour mon malheur, couronnées de succès.

SECONDE PARTIE.

HISTOIRE DE LA TUTELLE DU FILS DE L'AUTEUR, JUSQU'A LA PREMIÈRE RESTAURATION EN 1814.

CHAPITRE PREMIER.

Nomination à la tutelle. — Voyage en Picardie. — Premier arrangement entre les héritiers Tahart-Tuffart, sans exécution. — Procès correctionnel et ses suites. — Négociation avec le trésor. — Retour en Picardie. — Première dette, usure. — Jugement du tribunal de commerce de la Seine, acquittement des membres contumaces de la compagnie Bonnevault, leur arrestation comme débiteur de l'Etat. — Départ pour Bordeaux, séjour. — Procès contre les acquéreurs des biens Tahart-Taffart. — Enfance du fils de l'auteur.

J'assemblai un conseil de famille, suivant le vœu de la loi. J'y fus nommé tuteur de mon fils. Je l'étais de droit; je le fus encore par cet acte de justice. Aussitôt après, je fis un voyage en Picardie. Pendant mon séjour il fut fait une transaction sous les auspices de la dame d'Arlincourt, entre les trois enfants du premier lit, au sujet de la succession Tahart-Taffart. Le fils aîné fut chargé de ce qui restait en propriété, de désintéresser ses co-héritiers et de les dédommager de la perte qu'ils avaient essuyée par les ventes des immeubles de la grand'-mère commune.

Cette transaction ne fut point exécutée par l'impuissance de M. Taffart, et il fallut procéder à un nouveau mode de partage, ainsi qu'il sera dit ci-après.

Cependant à la fin d'août 1799, les débats de l'instance correctionnelle eurent lieu... Les banquiers Enfantin et moi y figurions comme prévenus. Ces débats durèrent près d'un mois, nous fûmes condamnés solidairement à six millions de francs, et à une pareille somme à titre d'amende.

Ce jugement qui pouvait atteindre ma liberté, me détermina à changer de demeure... Je ne la quittai qu'en novembre suivant, pour retourner chez la dame d'Arlincourt, en Picardie.

Je repris, à mon arrivée à Paris, mon ancien domicile. Le jugement de la police correctionnelle fut cassé en appel ; nous fûmes déchargés de toutes condamnations : et dès cet instant, les négociations ouvertes avec les Enfantin, sous les auspices de M. Gomel, ancien procureur au Châtelet, furent dissoutes... Elles n'ont pu jamais se renouer depuis.

Précédemment, on s'était abouché avec le ministre des finances. Ma quittance fut subordonnée au versement en valeur nominale de deux millions d'ordonnances des ministres pour les ans 5, 6 et 7. Elles étaient en forte baisse sur la place... J'avais encore l'espoir d'un dédommagement par suite d'une nouvelle reddition de compte, de la gestion

des banquiers d'Amsterdam, négociateurs des rescriptions bataves.

Il fallait beaucoup de fonds pour faire face au
procès, aux frais du séjour, aux dépenses des né
gociations... Les secours de ma mère étaient insuf-
fisants, il me fallut emprunter à chers deniers...
Un prêtre me fit trouver des fonds sur lettres de
change, à raison d'un et un quart pour cent par
mois.

Je m'étais aveuglé au point que je croyais, pour
mon honneur, devoir tout faire, tout sacrifier à
l'effet d'en terminer, à tout prix, avec le Trésor
et mes créanciers. C'est ainsi que je me suis vu dépouillé successivement du reste de ma fortune.
Ma respectable mère a également fondu la sienne
par le même motif.

Dès cette époque, la dame d'Arlincourt et tous
les siens m'engageaient à faire banqueroute. Tel a
été leur cri dans tous les temps; mon fils en a été
le fidèle écho, et n'a pu me pardonner de n'avoir
pas suivi ce conseil déshonorant.

Par le ministère de l'avoué, Monsieur Martin
Dauzé, j'avais repris mes poursuites contre les
Enfantin, Brunet et Boucherot ; un jugement du
tribunal de commerce de la Seine m'avait nanti de
l'actif de la compagnie Bonnevault, à la charge de
l'employer au payement de son passif. Ses membres absens avaient purgés leur contumace. Ac-
quittés par la Cour criminelle, ils avoient été in-
carcérés par ordre de l'agent du trésor comme
débiteur de l'État, ils étaient détenus à Sainte-Pélagie; le chef de cette compagnie y est mort de
douleur et de repentir.

D'un autre côté, le notaire Castel, qui, au commencement de nos débats judiciaires, avait vendu

son office au sieur Dunays, était passé à l'île de la Guadeloupe, emportant avec lui les cinquante mille francs qu'il avait reçus de la compagnie.

Je restai seul de ses membres exposé aux coups de toute espèce, et j'eus à soutenir successivement dans toutes les parties de la France et en Hollande une fourmillère de procès.

Avec le consentement du ministère, je fis un voyage à Bordeaux; il était indispensable 'e brûlais d'y voir ma mère et mon fils, de soigner ses intérêts dans la succession Tahart-Taffart.

Mon séjour fut de près d'un an. J'avais été reçu par ma bonne mère avec la plus tendre affection. Je fis à Bordeaux des négociations utiles, des amis et surtout un sieur Dupuch-la-Pointe me fournirent des fonds à un taux avantageux. Je me procurai quelques créances sur le trésor, avec lequel j'avais traité de deux millions d'ordonnaces pour mon Quitus.... ma mère fut aussi ma ressource, son amour ne se ralentit jamais... je m'occupais des intérêts de mon fils, je fis plusieurs voyages à la Teste de Busch. La dame Tahart-Taffart avait vendu dans l'année 1794 des immeubles en assignats à une partie des parens de la femme de son petit-fils. Ces immeubles n'étaient plus en sa possession en ayant fait une donation contractuelle à son fils notre père.... Je crus devoir attaquer, comme tuteur, plus de trente acquéreurs de ces biens illégalement vendus, et même le sieur Taffart, mon beau frère, qui avait recueilli tout le bénéfice de ces ventes.... Ce procès n'a pas été continué par suite de mes infortunes; mais du moins les déboursés immenses qu'il m'a occasionnés prouveront combien sont fausses et calomnieuses les imputations d'une coupable gestion de ma tutelle.

Mon fils croissait à vue d'œil, son cœur innocent s'épanchait alors avec franchise. Le nom de père m'occasionnait une joie qui m'avait été jusqu'alors inconnue, et je jurai, en l'embrassant, aux mânes de mon épouse de me dévouer tout entier au bonheur du seul gage de notre malheureux hymen. Ma mère surveillait la jeune plante confiée à ses soins, et au milieu de toutes mes vissicitudes, je croyais encore possible de recouvrer l'honneur et le repos.

CHAPITRE SECOND.

Retour à Paris. — Continuation des Négociations. — Banqueroute des frères Enfantin. — Emprunt fait par autorisation. — Affaire Gros-Cassan. — Démarches infructueuses. — Procès Docague à Montdidier. — Continuation des dettes. — Connaissance de la dame de Claustre. — Affaire Gaudet et Nègre. — Retraite de l'auteur. — Poursuite par corps. — Départ pour Bordeaux. — Affaires et événemens de famille. — Nouvelle arrestation.

A mon retour à Paris, je descendis à mon domicile ordinaire chez M. l'abbé Salamon. Je m'étais procuré quelques ressources à Bordeaux.... je revis les agens du trésor.... je repris le cours de mes négociations fondées sur la certitude de mes répétitions envers les banquiers, mandataires de la compagnie.

Des amis à Bordeaux m'avaient procuré le véritable cours des reseriptions bataves, à l'époque de leur prétendue vente : la différence entre le cours réel et le cours accusé était considérable. Il me revenait une somme immense, avec laquelle ou avec l'espérance de laquelle, je comptais avoir les deux millions d'ordonnances.

Dans le même moment les frères Enfantin firent banqueroute.... l'affaire Bonnevault avait totalement ruiné leur crédit... Cet évènement me fut nuisible et retarda le succès de mes opérations.

Cependant mes fonds diminuaient, et toujours fidèle à mon plan, je songeai à faire de nouveaux emprunts, je me fis autoriser à un premier, sous le nom de mon fils. J'avais eu le malheur de connaître dans l'affaire Bonnevault, un honnête escroc appellé Gros-Cassan, ami du sieur Nègre. Cet homme me fournit des marchandises sur lesquelles je perdis les trois quarts.... j'eus la faiblesse de lui faire un contrat de sept mille francs, somme que j'étais autorisé à emprunter..... Il me promit de le négocier et de m'en verser le montant, après avoir prélevé ce que je lui devais.... ce scélérat garda tout.

Il négocia le contrat à un S Bodonat. Bodonat le passa à un S Duclolange : et comme Gros-Cassan en avait la grosse, il la vendit à un S Villeminot, orfèvre ; et celui-ci à des frères Rebattu, de Dijon ; je me trouvai ainsi poursuivi, pour ce contrat volé, par deux porteurs à la fois... Je n'ai pu terminer avec les Rebattu et Duclolange, qu'à mon retour à Paris en 1810.

Mes négociations renouées avec ma belle-mère furent infructueuses. Forcé de traiter avec un S Docagne, mon créancier, je lui abandonnai mes droits sur les arrérages de rente dus par madame d'Arlincourt, sauf mes arrangements particuliers et ultérieurs avec lui..... Un procès fut suivi au tribunal de Mont-Didier. Madame d'Arlincourt succomba; mais ne paya pas... Pressé par le besoin, je fis de nouvelles dettes... Un S Gerantel me vendit pour deux mille francs de feux de cheminées

qui ne valaient pas trois cents francs... Un Sr Labouissete me vendit des vins de Bordeaux en pièces et des liqueurs en bouteilles... Ces dernières
marchandises, pour lesquelles il lui fut consenti un
contrat de sept mille francs sur mon fils, furent
par lui mises en gage, pour se payer des premières
avances. Elles sont restées chez le dépositaire pour
environ deux mille francs... Le Sr Labouissete
transporta sa créance sur moi à monsieur Fagé-
det négociant à Bordeaux que je connus par cette
voie.

Un Sr Dunesme me prêta aussi quelque argent
à raison de 1 $\frac{1}{2}$ pour $\frac{o}{o}$ par mois. Ainsi je m'enfon-
çais de plus en plus, fort de la perspective de
plus de cinq cent mille francs de reprises à exercer sur les banquiers d'Amsterdam.

Je changeai de domicile à cette époque... Je fus
loger chez madame veuve de Claustre... Elle devint mon amie, prit intérêt à moi et m'en donna,
pendant près de vingt ans, des preuves incontestables... Heureux, si je n'avais pas à lui reprocher
une trahison qui a occasionné notre rupture,
comme on le verra dans la suite.

La dame de Claustre me voyant poursuivi par
des créanciers que je ne pouvais payer, et par l'a-
gent du trésor, me cacha chez des amis, m'ouvrit
sa bourse, et me prodigua alors les secours de la
plus active amitié.

Le sieur Nègre, avec lequel j'avais fait un arrangement de sept mille francs à l'époque de mon
procès criminel, m'inquiétait pour un réglement
avec lui... Par les conseils de madame de Claustre,
je lui négociai, sans aval, et comptant sur sa probité, mon gain de survie de vingt mille francs... Le
contrat en fut retenu par le sieur Dunays, succes-

seur du notaire Castel... Toutes mes dettes, indépendamment de celle du trésor, ne s'élevaient pas
au-delà de vingt mille francs.... Le sieur Nègre
promit de les solder avec diminution... La chose
eût été facile, si mon cessionnaire avait été de
bonne foi... Monsieur Dunays l'invita beaucoup
à me libérer : Nègre le promit, et Nègre garda
tout... Même, comme s'il eût été créancier légitime, il prit inscription sur les biens de madame
d'Arlincourt à Bordeaux, et à Mont-Didier.

Dans le même temps, j'étais caché chez madame
Gaudet... Le trésor me poursuivait avec vivacité...
Je crus que dans mes intérêts, il fallait accroître
mon passif, et opposer des titres qui pussent ba-
lancer la créance du trésor, j'en donnai un de
trente et quelques mille francs à la dame Gaudet.

Ce titre ne pouvait servir, et madame Gaudet
exigea quarante-huit francs pour en faire la remise... Madame de Claustre ne lui donna pas cette
somme que je lui avois fait passer, et la dame
Gaudet garda ce titre, qu'elle négocia ensuite à
un sieur Deparis, commissaire-priseur, qui en a fait
l'usage qu'on verra...

Ne pouvant rester à Paris sans danger, je me
décidai, quoique très-malade, à retourner à Bordeaux : j'y arrivai sans accident fâcheux... Je pris
des précautions pour ma liberté... Je revis ma
mère et mon fils : il avait alors près de six ans....
En revoyant ces deux êtres chéris, j'oubliai un
moment tous mes maux.

Madame d'Arlincourt était alors à Belin, près
Bordeaux, pour recueillir la succession de la dame
Dupuis... Je fus voir ma belle-mère : elle me
donna mille francs, par crainte d'une saisie mobi-

liaire... Je retournai aussitôt à Bordeaux, où m'attendaient de noûveaux malheurs, dont la durée devait avoir pour moi les plus cruels résultats.

CHAPITRE TROISIÈME.

Captivité de quinze mois. — Transaction avec les héritiers Tahart-Taffart. — Procès de la dame d'Arlincourt en main levée d'inscription. — Délivrance sous caution. — Voyage à la Teste. — Éducation du fils, son caractère, son inaptitude aux sciences. — Soins infructueux. — Premier voyage, à Paris, de M. Fagedet, comme procureur fondé de l'auteur.

Un ou deux jours après mon arrivée je fus arrêté dans mon domicile, chez ma mère... C'était à l'époque du célèbre procès de Moreau... Ma captivité fut longue : elle dura quinze mois... Madame d'Arlincourt quitta Belin dans ce temps... Elle vint à Bordeaux, me fit signer une transaction funeste, et compensa trois mille francs d'assignats que m'avait donnés M. d'Arlincourt, comme présent de noces ; cadeau ensuite ratifié par madame d'Arlincourt, avec trois mille francs écus d'arrérages dus jusqu'à la mort de sa fille... Ce fait odieux s'est passé en présence du sieur Beligon, ancien marchand de papier, rue du Loup, près celle Judaïque, à Bordeaux, alors procureur fondé de ma mère... Mes conseils peuvent encore l'attester.

Je ne voulus pas aigrir la dame d'Arlincourt, alors en grand crédit auprès de Joséphine Beauharnois, femme de Bonaparte, qu'elle avait beaucoup connue, et qui voulait la faire sa dame d'honneur... Elle vint me voir en prison ; mais loin de me donner aucun secours ; et aussitôt après la transaction , sous signature privée , elle m'assigna en main-levée d'inscriptions des cent mille francs donnés à sa fille dans notre contrat de mariage et à la cessation du service de la rente de mille francs depuis la mort de sa fille... La dernière transaction me privait de la répétition des arrérages. Je me trouvais ainsi frustré de toutes parts et un procès majeur sur les bras.

Ne pouvant , comme tuteur , consentir à une main-levée volontaire, MM. Bayle, avoué , et Lainé, avocat, mes conseils, témoins des faits antérieurs, me défendirent... Je fus condamné en première instance , et en appel , au moyen d'une lettre du grand-juge Regnier, qui ordonnait de finir au plus tôt l'affaire d'Arlincourt. C'est ainsi que madame d'Arlincourt me fit sentir la protection que j'attendais d'elle, et dont l'espoir m'avait engagé à tout sacrifier... Quoi qu'il en soit, cette lettre fut un ordre , dans ces temps encore un peu révolutionnaires , la dame d'Arlincourt triompha sans peine... Il n'y a pas eu recours en cassation.

Indépendamment de MM. Beligou, Bayle et Lainé, encore existants, j'ai pour témoin de ce fait le sieur Duranteau, avocat de la dame d'Arlincourt, tous les magistrats qui jugèrent ce procès... J'ai enfin les significations de ces jugement et arrêt... J'aurai en outre au besoin le témoignage de M. Charles d'Arlincourt , devenu baron , mon beau-frère aîné du second lit, et qui poursuivit le procès en appel , comme procureur fondé de sa mère.

Je n'ai pas besoin de dire ici que la conduite de Madame d'Arlincourt était tout au moins déplacée, qu'elle eut tort de choisir l'époque où j'étais

détenu, que mes procédés, ma gestion furent celle
d'un bon père, que ma mère et moi fournîmes à
tous les frais de ce procès et de ma dépense en
prison, que mon fils est bien coupable de ne m'a-
voir pas payé de la juste reconnaissance qui m'est
due pour tant de peines et de traverses, qu'il a le
plus grand tort de s'être éloigné de son père, d'ê-
tre devenu son plus mortel ennemi, de l'avoir dépouillé, de le laisser dans la misère et de donner
toute sa confiance aux parens de sa mère, qui, en
le flattant, ou lui inspirant de fâcheuses préventions contre son seul défenseur, contre son malheureux père, sont devenus les véritables spolia-
teurs de sa fortune.

La suite de ces Mémoires établira, sans réplique
cette vérité....... Cependant on m'avait mis en relation intime avec le préfet de la Gironde, alors
M. Charles de la Croix. Il prit intérêt à mon sort;
ma sensible correspondance lui plut.... un décret
de bienfaisance avait été rendu par Bonaparte, devenu Empereur. ma dette avait été réduite des
trois quarts ; mais ce qui me restait encore à payer
se trouvait être au-dessus de mes moyens et de
ceux de ma mère : ma captivité se continua.

Pendant son cours, je transigeai pour la succession Tahart-Taffart avec mon beau-frère du premier lit... Indépendamment du tiers revenant à
mon fils, je fis l'acquisition de deux autres tiers,
sur lesquels il m'assigna le paiement de cent vingt-
cinq mille francs d'assignats du sieur Baron, qu'il
s'était chargé d'acquitter, et qu'il me fallut acquitter. Ce Baron a depuis poursuivi M. de Biré et
la dame Vaudorhem, tous deux acquéreurs de mes
dernières maisons. Ils ont été condamnés à payer
Baron : je leur ai consenti un contrat pour mon-

tant de leur déboursé, il est encore à acquitter, et les porteurs se sont inscrits en temps utile.

Par l'effet de cette transaction je devins, avec mon fils, propriétaire d'une portion considérable de forêts en arbres pins, produisant quinze cents à deux mille francs de revenu annuel... Voilà encore un des actes de ma gestion au milieu de tous mes revers.

Au moyen de mes intermédiaires auprès du préfet de Bordeaux, ce magistrat prit sur lui de me mettre en liberté sous caution de ma personne, après quinze mois de captivité. J'eus d'abord un gendarme; bientôt après il me fut retiré. Je revins au toit paternel; nous étions au mois de juin 1805... Je rendis visite à M. le préfet le lendemain de ma liberté. Notre conversation fut courte, mais de part et d'autre très-énergique... « Je ne sais si le ministre trouvera que je me suis compromis, peu m'importe.—Compromis, M. le préfet! oubliez-vous donc que je reprendrai mes fers, quand vous l'ordonnerez !... Un regard expressif fut la réponse de ce magistrat... En le quittant, je lui serrai la main, et lui dis : je vous remercie, M. le préfet, d'avoir été du petit nombre de ceux qui m'ont bien jugé... Le lendemain j'appris qu'il s'était écrié à mon sujet : « Combien ce jeune homme » m'intéresse! si je l'eusse connu plus tôt, jamais » il n'eût été arrêté ! » et je le voyais pour la première fois. Cette belle action fut entièrement désintéressée... Ce fait a pour témoin le sieur Capin, alors chef de bureau à la préfecture, aujourd'hui receveur particulier des finances à Bordeaux.

Peu de temps après, avec l'agrément de M. le préfet, je fus à la Teste : j'y restai peu : j'y conlius un sieur Villeneuve Pelinot, dont il sera parlé dans le chapitre suivant.

On commençait alors l'éducation de mon fils, il allait dans les écoles primaires de l'enfance... Il était beau, son caractère s'annonçait déjà pour être impérieux, violent, volontaire... Il taillait en maître, il manquait souvent à sa grand'mère, au respectable domestique qui soignait l'enfance du fils, après avoir présidé à celle du père... Ma malheureuse mère, étant depuis long-temps aveugle, avait été forcée de se confier à ce vieux domestique... Il gâtait cette jeune plante, on lui passa ses premiers torts, et il devint tout autre que ce qu'il devait être.

Déjà son peu d'aptitude aux sciences perçait: Cet enfant disait déjà qu'il n'avait pas besoin de s'y livrer ; il avait cependant une maturité de conception et de raisonnement étonnante et précoce pour son âge... Mes efforts furent donc infructueux, je fus faible, j'espérais tout du temps et j'ai été trompé dans mon attente.

J'avais fait connaissance dans ma captivité avec monsieur Fagedet, négociant estimé, et en crédit à Bordeaux. Notre liaison devint plus intime à ma sortie, et peu après ma liberté, il essuya des revers ; mais ils ne l'empêchèrent pas de s'occuper de mes intérêts... Je lui remis les cours par moi obtenus, il s'en procura de nouveaux, il fit un premier voyage à Paris, en Juin 1806; il y resta trois mois environ, prépara tout, se munit de célèbres consultations qui furent en ma faveur, et revint, fin d'Août suivant, me rejoindre à Bordeaux, où déjà grondait sur ma tête un nouvel orage.

CHAPITRE QUATRIÈME.

Remise du fils aux mains du sieur Dupleix, maître de pension à Bordeaux. — Séjour en Médoc. — Troisième arrestation. — Second voyage du sieur Fagedet à Paris. — Mise définitive en liberté. — Ecarts du fils. — Mort de la mère de l'auteur, mesures prises par elle. — Elle le bénit. — Gestion de l'auteur. — Emprunt et transaction de Villeneuve Pelinot. — Continuation des écarts du fils.

J'avais eu la précaution de faire nommer un subrogé tuteur à mon fils par le tribunal de famille convoqué à Bordeaux... Le sieur Cosse avait été choisi.

Nous commençâmes par songer à l'éducation de notre pupille ; nous le confiâmes au sieur Dupleix, maître de pension dans mon voisinage, et je me chargeai d'achever ce qu'il aurait ébauché ; mais mon fils montra la plus grande répugnance pour les sciences, notamment la langue latine ; il disait ne vouloir être que militaire. Monsieur Dupleix le traita avec douceur, et nos soins communs furent inutiles... Je fus alors en Médoc, j'y menai mon fils... je crus qu'en ne le quittant pas un instant, je pourrais lui donner un peu d'émulation et de goût pour l'étude : j'échouai dans toutes mes tentatives.

A mon retour à Bordeaux, j'y fus arrêté pour la troisième fois, fin de Mars 1807...Monsieur Fagedet fit alors un second voyage à Paris, et ses résultats eurent quelques succès.

Ma belle-mère avait ouvert à ses deux fils la route de la fortune et des honneurs : tous les deux se trouvaient être auditeurs au conseil d'état.

Charles, qui était momentanément à Bordeaux, me vint voir dans ma troisième captivité. Il promit de tout faire auprès de sa mère, pour l'obtention de ma liberté, et me tint parole.

De son côté le sieur Fagedet vint à l'appui de mon beau-frère. Monsieur le Comte Molien, alors Ministre du trésor, était l'ami de la famille d'Arlincourt. Ma liberté définitive fut signée à Tilsit, par l'Empereur, et je fus mis en liberté, fin de Juillet 1807. Peu de temps après, je retournai en Médoc.

Mon fils continuait à me donner des chagrins; il avait contracté, à mon insu, le funeste vice de la m........ Je lui avais donné un nouveau maître d'écriture et de calcul... Monsieur Dupleix n'en pouvant rien faire, me conseilla de le punir : j'essayai, mais infructueusement, et ce procédé auquel je me livrais avec regret, finit par m'aliéner pour toujours le cœur de cet enfant. Témoins, le sieur Dupleix, mes vieux domestiques, Arnault Saultz, cultivateur à Listrac, tous encore en vie.

La maladie de ma mère m'avait ramené à Bordeaux, fin de Mars 1809. J'eus le malheur de la voir succomber à ses chagrins et à nos infortunes. Elle avait vendu tout son patrimoine pour me soutenir. Elle n'avait conservé que des jouissances sur l'héritage de mon père, des reprises, un mobilier. Je la déterminai à donner à mon fils la moitié de tout ce dont elle pouvait disposer, afin de sauver quelque chose des mains du Gouvernement qui me menaçait toujours.

Dans les premiers jours de Juin 1809, je perdis cette incomparable mère. Elle me bénit peu d'instants avant sa mort; je ne l'avais pas quittée pendant sa longue maladie ; je lui avais rendu tous les soins d'un bon fils : je reçus son dernier soupir.

Le souvenir de ce funeste évènement m'arrache encore des larmes... Les parents de ma femme, et mon fils, leur digne écho, n'ont cependant pas craint de dire que j'avais avancé sa mort, mais tous mes voisins, tous mes parents, les sieurs Margi- nier frères, la dame de Bourgade, ma tante, la demoiselle Magontie, la dame Mestivier, le sieur Lacroix, perruquier, les sieurs Fagedet fils, Pujols, négociants et beaucoup d'autres témoins existants à Bordeaux, me rendraient justice au besoin.

Je fus alors forcé de prendre la gestion de mes biens, et de ceux de mon fils.

Le sieur Villeneuve Pelinot, pour une somme de six cents francs et quelques milliers de résine, qu'il m'avait avancés, était parvenu, avec les intérêts, à un et demi pour cent par mois, de faire monter sa créance à sept mille francs... Il exigea une cession de la jouissance de mes pins, en stipu- lant les nouveaux intérêts à courir à un et demi par mois. On me conseilla de lui faire cet abandon pour le bien de la paix... Je crus qu'avec deux mille à deux mille cinq cents francs par an du re- venu des pins je serais bientôt libéré avec lui, et il jouit encore... Son contrat est du 20 septembre 180)... L'expédition en est dans les mains de mon fils... Sa majorité m'a empêché de suivre l'ins- tance commencée, et à laquelle on n'a donné aucune suite... Les actes notariés et la procédure prouvent la vérité de ce fait... J'ajouterai seule- ment que Pelinot, après sa longue jouissance, se prétend encore aujourd'hui créancier pour solde de quatroze mille francs.

Mon fils, par sa paresse, son emportement et ses autres défauts, continuait à me donner de nouveaux chagrins. Il se permettait d'aller dans ma bibliothèque, d'y prendre des livres et de les vendre... J'ai été plusieurs fois obligé de les racheter... M. Dupleix en était également mécontent, et m'engageait de nouveau à le corriger : je le fis, encore sans fruit, et je dévorai mes peines dans l'ombre du silence.

Mes vieux serviteurs de ville et de campagne, mes locataires tâchaient d'adoucir les chagrins domestiques que je ressentais ; mais est-il des consolations pour le cœur flétri et ulcéré d'un bon père.

On va voir dans le chapitre suivant que les défauts de mon fils, source de ces chagrins et de mes inquiétudes, loin de diminuer, s'accrurent et s'enracinèrent avec l'âge, pour son malheur et pour le mien.

CHAPITRE CINQUIÈME.

Retour à Paris en avril 1810. — Envoi de mon fils chez un cousin-germain paternel. — Départ de cet asyle. — Son arrivée à Paris. — Nouveaux soins pour son éducation. — Sa mauvaise conduite. — Saisie-arrêt des revenus à Bordeaux. — Continuation de la liaison avec la dame de Claustre. — Amour du fils pour sa fille. — Ses propos et ses torts envers son père. — Son départ avec la dame d'Arlincourt pour la Picardie.

A la fin d'avril 1810, par deux de ses lettres, M. Fagedet m'invitait, sur les conseils de M. de Sèze, alors mon défenseur et aujourd'hui premier président de la cour de cassation, de me rendre sur-le-champ à Paris.

Je consultai le subrogé tuteur, il fut d'avis de mon départ, et me promit de me remplacer en tout à Bordeaux. Nous prîmes des arrangemens pour mon fils, et nous convînmes de l'envoyer à deux lieues de Bordeaux, chez M. Marginier, juge-de-paix et mon cousin germain, qui voulait bien s'en charger jusqu'à nouvel ordre.

J'avais eu la téméraire confiance de remettre la clef de mon armoire la plus secrète à la vieille domestique qui m'avait vu naître, et celle de mon secrétaire à M. Cosse, subrogé tuteur, en leur recommandant de ne jamais s'en dessaisir et de ne laisser visiter cette armoire et ce secrétaire par qui que ce fût.

Le sieur Cosse était mon procureur fondé, je devais lui confier mes papiers les plus importants, à une époque surtout où le Gouvernement pouvait, d'un instant à l'autre, me faire exproprier.

Ces précautions tournèrent contre moi... le jour même de mon départ; ma vieille domestique, sur les vives et pressantes sollicitations de mon fils, lui remit la clef de cette armoire, clef que je ne lui avais confiée qu'en cas de saisie ou de la nécessité d'un déménagement. Des objets rares, *irretrouvables*, précieux par leur propre valeur, ou le prix que leur donnaient les personnes dont ils venaient, disparurent pour toujours... Mon fils s'empara de tout ; et il avait à peine treize ans, quel début ! quel présage pour un âge plus avancé !... Qu'on ose nier cette turpitude qu'on m'a mis dans la cruelle nécessité de divulguer ; des témoins irrécusables sont prêts à l'attester.

Cependant, dans le même moment qu'il agissait ainsi, cet enfant, d'une fausseté rare pour son âge, commençait avec moi une correspondance des plus tendres en apparence.

Cette correspondance que j'ai conservée en entier, décèle peu à peu le fond de son âme. Le voile de l'amitié se déchire insensiblement, et laisse percer l'aigreur, l'égoïsme, la dureté, pour ne rien dire de plus.

Sa première lettre est du 4 mai, cinq jours après mon départ, cinq jours après l'action qu'il venait de commettre, et voici comme il s'y explique : « Mon cher papa, ça me fait beaucoup de peine » de t'avoir vu partir ; n'ayant personne de ma fa- » mille, il me semble être *tout seul* dans le monde. » Tu m'as confié à tes amis, mais des amis ne sont » pas comme un père... (et il venait d'outrager ce » père). Si ma grand-mère vivait encore, qui se- » rait plus heureux ? Je m'en vais à la campagne » avec mes cousins, mes cousines ; tout cela ne » sera pas comme la maison d'un père... Je me » trouve bien étrange pendant ces jours-ci, de ne » t'avoir pas à mes côtés pour souper. Quand je » pense à toi, toujours je pleure... Je n'ai pas pu, » mon cher papa, en te quittant, verser des larmes, » parce que j'avais mon cœur trop serré ; mais » quand j'ai été à la mai n, mes yeux semblaient » deux fontaines. »

Les sentiments exprimés dans cette lettre, et leur opposition avec le fait qu'on vient de rapporter, prouvent déjà combien était faux le caractère de ce fils et quelle était sa duplicité.

Mon fils partit pour la campagne avec mon cou- sin... Il avait trop de surveillants ; il fallait trop bien se conduire : tant de contraintes ne pouvaient lui plaire : peu de jours le dégoûtèrent de la cam- pagne... Mon cousin et sa famille firent tout pour l'y retenir : tout fut inutile sur un enfant entier dans ses volontés... On fut forcé de le reconduire à Bordeaux, et mon cousin m'écrivit à Paris, pour me porter ses justes plaintes et me prévenir du caractère déjà impérieux de mon fils.

Tandis que ces évènements avaient lieu à Bordeaux, j'avais revu M. Fagedet, mon amie madame Claustre, mes conseils, mes gens de loi... Il s'agissait de quelques pourparlers avec MM. Brunet et Boucherot, alors banquiers à Paris... Ces messieurs avaient fait des propositions qu'on avait craint d'accepter... Double malheur pour moi : ... le premier, d'être parti de Bordeaux pour ce seul motif ; le second, d'avoir refusé une transaction qui eût évité plusieurs années de procès, un accroissement de dettes, et la perte totale du reste de ma fortune.

Mon fils continuait sa correspondance... Sa seconde lettre, du 25 mai 1810, est un peu plus astucieuse que la première. Il s'y plaint d'une dame Mestivier, qui m'avait choisi pour subrogé tuteur de ses enfants, et qui faisait au mien de justes reproches de sa conduite... Il lui suppose des vues intéressées, et me mande qu'il lui tarde beaucoup d'être hors de Bordeaux et de venir me rejoindre... L'ensemble de cette lettre, ainsi que celui de la première, est surprenant pour un enfant de l'âge qu'avait alors mon fils... Sa troisième lettre, du 10 juin suivant, est dans le même style et exprime le même désir de venir me rejoindre.

On me faisait de brillantes propositions pour ce fils... Il ne s'agissait de rien moins que de l'envoyer à son oncle Charles d'Arlincourt, à Naples, alors en grand crédit auprès du roi Murat, à la fortune duquel il s'était attaché. Cet oncle voulait se charger de son neveu; il lui promettait un état brillant dans le militaire. Mon fils paraissait y avoir du goût, parce que, suivant lui, cet état n'exigeait pas d'instruction pour laquelle il avait la plus grande répugnance; mais je ne pus me décider à cette démarche, avant d'avoir consulté mes amis de Bordeaux.

Le bien-être de mon fils, peut-être même un peu d'ambition me déterminèrent, et je fis venir cet enfant à Paris. Il partit de Bordeaux fin de juin 1810, et vint descendre à mon domicile. Notre première entrevue fut plus froide que sensible. Les vœux de cet enfant étaient remplis. Il croyait être devenu maître de ses actions. Je le présentai à sa grand mère la dame d'Arlincourt,... je pourvus à son éducation, je lui donnai des maîtresses de dessin, de langue française et d'histoire. Je l'introduisis chez madame de Claustre; je le surveillai autant que je pouvais, en lui donnant néanmoins toutes les douceurs honnêtes de son âge; mais rien ne put me ramener son cœur.

Le directeur des domaines à Bordeaux avait fait saisir me revenus pour paiement des droits d'inscription dus au Gouvernement... Me trouvant très-gêné, je fus forcé d'user de ressources extraordinaires et d'emprunts que cet état critique nécessitait, ayant à pourvoir à l'entretien, à la vie, à l'éducation de mon fils, à ma subsistance, aux frais de mes procès.

Dans cette cruelle position, mon fils, qui entretenait correspondance avec ses bonnes de Bordeaux, leur portait ses plaintes contre moi. Il s'échappait pour aller *seul* dans la moderne Babylone; empruntait de toutes mains, et me laissait ces petites incartades à payer. Il supposa, un jour, que dans ses courses, l'empereur l'avait remarqué, l'avait fait approcher et retenu son nom... Je fus pendant plusieurs jours dans une grande perplexité... Mais, après une longue et inutile attente, je parvins à obtenir de mon fils l'aveu que ce prétendu événement était un conte... D'une autre part, il commençait déjà à prendre de l'amour pour la petite fille de madame de Claustre, un peu plus âgée que lui, et qui, sous aucuns rapports, ne pouvait lui convenir. Cette circonstance, dont je ne fus instruit parfaitement que long-temps après et par hasard, m'a donné, par la suite, des chagrins cuisants.

Alors devenu plus audacieux, mon fils, par ses rapports, par ses propos, par ses mensonges, me brouilla ou plutôt me refroidit avec M. Fagedet, madame de Claustre et mes amis... Il leur avait persuadé de m'engager à me tenir loin de Paris, sous le prétexte de menaces imaginaires de mes créanciers contre ma liberté, et ce, uniquement, pour en avoir davantage lui-même...

Ces personnes citées et le vicomte d'Arlincourt pourraient attester la vérité de ce que je viens de raconter.

Mon peu de moyens et son inaptitude pour les sciences m'avaient empêché de mettre mon fils en pension, à son arrivée de Bordeaux; enfin cédant à la nécessité, je le confiai à sa grand-mère, madame d'Arlincourt : il resta quelque temps avec elle à Paris. Je le voyais presque tous les jours, il y fit, à mon insu, sa première communion au bout d'un mois d'instruction; et bientôt après il partit avec elle pour la Picardie.

L'entretien de ce fils dans le grand monde où l'avait lancé la dame d'Arlincourt, autant que mes besoins particuliers m'avaient forcé à contracter de nouvelles dettes, notamment avec un sieur Bonjour, dont tout Paris a connu la dextérité dans le genre de prêt en marchandises. J'étais devenu une de ses victimes... Je puis, du moins, ici avouer avec justice que mon inconduite n'occasionna jamais ces emprunts usuraires ; car, alors et déjà depuis plusieurs années, j'avais renoncé, par goût comme par devoir, à tous les faux plaisirs du siècle et à la fréquentation de leurs partisans.

CHAPITRE SIXIÈME.

Séjour en Picardie. — Retour de la dame d'Arlincourt. — Emprunt Mure, pour dégager le domaine de Belin, vendu par la dame d'Arlincourt à son fils Charles. — Connaissance La Montagne. — Départ du fils de l'auteur pour Naples avec son oncle. — Trousseau donné par le père et ses promesses.

Le séjour de mon fils en Picardie ne fut pas long... Sa correspondance avec moi fut insignifiante... Il n'en fut pas de même de celles qu'il entretint avec sa jeune amie et avec ses bonnes.

Prévenu de ce qu'il mandait à Bordeaux, je lui en avais fait de tendres reproches, et je lui écrivais que le bonheur de ma vie serait dans tous les temps d'obtenir sa confiance et sa tendresse... Il me répondit, le 25 septembre 1811 : « Hélas ! peut-» on demander à un fils la confiance et la tendresse » pour son père, et que ce soit le mien qui me le » demande ! »

Il ne répondait point, cathégoriquement non plus, au passage suivant de sa correspondance avec ses bonnes : « J'ai essuyé bien des peines ici ; mais

» depuis que je suis avec ma bonne maman, je suis
» un peu plus tranquille...» A ces plaintes injustes d'avoir été négligé par moi dans ses habits,
dans son entretien, dans son éducation, plaintes
que j'avais sous les yeux écrites de sa main, il osait
me répondre : « J'aurais eu grand tort de me plain-
» dre, je ne sais à quel sujet tu me parles de
» cela... » (Lett. du 25 septembre 1811, 1re liass.
n° 10).

J'avais fait un voyage de courte durée à Lepi-
nois, pour y consulter ma belle-mère sur mes affaires. J'y avais vu mon fils. L'abbé Grenot, ancien précepteur de ses deux oncles, qui demeurait
chez la dame d'Arlincourt, avait bien voulu lui
donner des soins; mais très-inutilement, puisqu'il
m'avoua alors qu'il n'avait pu parvenir à lui faire
dire ce que faisait deux et deux. Ce sont les propres
expressions de ce prêtre encore plein de vie.

Dans le même temps, madame d'Arlincourt,
avec laquelle j'entretenais une correspondance suivie depuis que mon fils était chez elle, m'écrivait,
sur son compte le 8 octobre 1811, la confirmation
de ce que m'avait déjà dit l'abbé Grenot.

Entre autres passages de sa lettre, les suivants
sont très-précieux, parce que c'est ici le jugement
de madame d'Arlincourt sur son petit-fils.

D'abord elle m'apprend l'arrivée de mon beau-
frère Charles; ce qu'elle regarde comme un grand
bonheur pour mon fils et moi... Puis elle ajoute :
« Votre fils se porte bien; mais je vous préviens
» qu'il ne travaille pas; il n'en a pas le goût ni l'en-
» vie... Ainsi prenez un parti pour lui; il est im-
» possible de laisser un jeune homme dans cet état
» de paresse. Si Charles ne veut pas s'en charger,
» c'est un malheur pour lui, car il aime l'état mi-

» litaire; il ne fera jamais rien, ni auprès de vous,
» ni auprès de moi : d'ailleurs je suis trop âgée
» pour gouverner des jeunes gens ; il faut se fâ-
» cher; cela me fait mal, etc. »

Par *postscriptum* : « Il est inutile de faire des
» reproches à votre fils; cela ne guérirait pas le
» mal : il est fait... Si Charles ne peut pas s'en
» charger, c'est un malheur : lui seul pourrait lui
» donner de l'énergie et en faire quelque chose...
» Vous, qu'en ferez-vous? Vous le mettrez en
» pension; il ne fera rien. Il ne pourra donc être ni
» juge ni administrateur. Qu'en ferez-vous? Même
» quand vous seriez plus riche, vous ne changeriez
» pas son goût : réfléchissez; et je le ramènerai
» quand je partirai d'ici; mais je ne puis le garder
» près de moi. »

Il est bon d'observer qu'il n'y avait pas plus de
trois mois que mon fils était avec sa grand'mère,
quand elle écrivait ainsi sur son compte ; mais
elle justifie la cause de sa résolution par ce qui
suit :

« Je souffre de voir un jeune homme sans tra-
» vailler... Madame Victor (vicomtesse d'Arlin-
» court), M. Grenot, miss (la demoiselle Wal-
» ton) et moi avons fait tout ce que nous avons pu.
» Il n'a pas été possible de le faire travailler trois
» jours de suite. Il ne veut ni lire ni écrire, ni latin
» ni dessin; enfin, il ne veut que manger et dor-
» mir;... il dit qu'il veut être militaire. Si Char-
» les ne peut s'en charger, je vous plains.

» Il paraît doux; mais je crois qu'il a une vo-
» lonté bien prononcée... Peut-être c'est sa
» croissance extrême qui le rend si lâche pour les
» études. Ma foi, je ne sais que vous dire sur lui.
» Je n'ai jamais vu si peu d'énergie, je ne lui ai

» vu prendre d'intérêt à rien , etc. » (Lett. du
» 8 octobre 1811.)

Le contenu de cette lettre , qui m'apportait le
jugement et la résolution de ma belle-mère, sur le
compte de son petit-fils, acheva de percer mon
cœur... Il était déjà blessé par l'opinion conforme
de tous ceux qui précédemment et jusqu'alors
avaient bien voulu donner leurs soins à cet enfant.
Quoique cet accord me justifiât du peu de succès
de mes constants efforts, je n'en étais pas moins
inconsolable.

Je me trouvai donc forcé à saisir la dernière
planche qui me restait après le naufrage. Dès-lors,
je ne dus envisager la perspective de l'expatriation
de mon fils pour Naples, avec son oncle Charles,
que comme un bonheur et pour lui et pour moi,
dans la position cruelle où son inertie nous avait
réduits.

Cependant, ainsi que me l'avait mandé madame
d'Arlincourt, mon beau-frère était effectivement
arrivé de Naples. Son retour occasionna celui de sa
mère et de mon fils. Je retrouvai ce dernier, en
tous points, tel qu'il m'avait quitté et comme on
m'en avait écrit. Il continua ses liaisons avec la famille de M. le comte Cholet, pair de France, et
dont la fille aînée avait épousé M. Victor d'Arlincourt, aujourd'hui vicomte. Mon fils était en pays
de connaissance, et l'on m'a assuré qu'il savait assez bien prendre sur lui, pour ne point paraître
déplacé dans cette compagnie, et pour y sauver,
tout au moins, les apparences.

M. Charles, créé baron par le roi Murat, peut-
être même par Bonaparte, alors empereur, avait
obtenu de sa mère la cession du domaine de Belin
et de ses dépendances. Il voulait y fixer un majo-

rat. Des créances qui regardaient mon fils pesaient sur ce bien. Il fallait les acquitter pour le dégager. N'ayant rien à refuser alors à M. le baron d'Arlincourt, M. Fagedet et moi nous nous empressâmes de nous procurer les moyens de le satisfaire.

M. Mure aîné, connu de M. Fagedet et de moi, nous fournit ce moyen, et le bien fut dégagé. Ce fait connu dans le temps de M. le baron, ne saurait être oublié de lui et désavoué par lui dans ce moment de vérité. Il sait quelle fut la conduite de M. Fagedet dans cette circonstance, ainsi que la mienne; il sait qu'après plus de quatorze ans, M. Mure est encore à acquitter, par suite d'arrangemens et de conciliation qui ne lui ont point été étrangers, et dont il sera traité plus au long dans la troisième partie. J'ai donc lieu de croire que M. le baron d'Arlincourt, bien loin de demander la preuve de ce fait, ou d'en nier la connaissance, me servirait plutôt de témoin, s'il était nécessaire.

Quoi qu'il en ait été et qu'il en puisse être, l'engagement Mure devint sacré pour moi par plus d'une cause, et le majorat ne fut point obtenu.

A cette époque, je fis connaissance avec un sieur La Montagne, ancien militaire, alors homme d'affaires de M. le comte de Luçai, de madame d'Arlincourt, de son fils Charles. Ma liaison avec lui devint, par la suite, plus intime, et exige des détails dans lesquels je vais bientôt entrer.

Cependant, à la fin de décembre 1811, le départ de mon fils pour Naples eut lieu. Je lui avais donné un trousseau considérable en linge de corps, fourni par la dame Dourif, marchande lingère, Passage des-Petits-Pè es, en habillements également fournis par le sieur Issard, tailleur, rue des Bourdonnais. Je lui avais donné une montre d'or et d'autres menus effets à son usage...

Je promis à mon beau-frère Charles de lui faire passer annuellement quinze cents francs pour l'entretien et la pension de mon fils. Cet engagement fut écrit et signé par moi, en présence de la dame d'Arlincourt, et remis à M. Charles peu d'heures avant son départ. Il a été acquitté en majeure partie, comme on va bientôt le voir. Je remis cinquante francs à mon fils, et sur le minuit, après l'avoir embrassé, il partit avec son oncle.

Mon cœur souffrit amèrement de cet éloignement indéfini... Tout m'en faisait redouter les suites. J'étais père, je regrettais mon fils unique, je restais *seul* dans le malheur, incertain sur mon sort futur. Mon chagrin était bien excusable. Je fus long-temps à le calmer, et cependant les résultats ont prouvé que, du père et du fils, j'étais le seul alors auquel cette séparation fût pénible.

CHAPITRE SEPTIÈME.

Négociations avec le ministre du Trésor. — Procès contre les mandataires de la compagnie Bonnevault. — Son résultat. — Affaires Got, Protain, Bonjour, Gagne, Daniaux, Bernard. — Correspondances de Naples. — Connaissance du sieur Gracien, avoué. — Décès du sieur La Montagne. — Habitation de la dame d'Arlincourt chez le maréchal Moncey. — Son départ pour Lepinoy. — Sa mort.

Aussitôt après la seconde arrivée à Paris, M. Fagedet, mon procureur fondé, s'était empressé de voir M. Molien, ministre du Trésor, pour prendre avec lui des arrangements au sujet des poursuites qu'il se disposait à diriger contre les mandataires de la compagnie Bonnevault.

Il en avait obtenu l'assurance précise que tout ce qu'on ferait rentrer en mon nom , et que son agent *seul* n'aurait pu obtenir , m'appartiendrait. Fort de cette résolution irrévocable , M. Fagedet avait agi contre Brunet et Boucherot.

On avait échoué contre eux au tribunal de commerce de la Seine ; mais en cour d'appel , on avait été plus heureux. Un premier arrêt de la fin de 1809, avait infirmé le premier jugement , condamné les mandataires à une reddition de compte, avait rejeté les cours par eux accusés , et renvoyé les parties devant les arbitres pour l'examen des nouveaux comptes. Plusieurs arrêts incidentaires, soit pour l'obtention des cours d'Amsterdam , soit pour le renvoi des parties devant M. le président du tribunal de cette ville , dépendant alors de l'empire français , avaient été rendus ; on avait été sur les lieux : les procès-verbaux avaient été obtenus ; plus de onze mémoires avaient été publiés par M. de Sèze ; plusieurs ouvrages importants avaient été fournis par M. Schimel-Penink, avocat d'Amsterdam : un nouvel emprunt avait eu lieu , à Paris , pour subvenir aux frais. Un procureur *ad hoc* avait été envoyé à Amsterdam , et l'individu choisi , ami de 20 ans du sieur Fagedet, le trahit , ainsi que son mandant. J'avais à me reprocher de n'y avoir pas été avec M. Fagedet : j'avais de fortes , de puissantes recommandations. Ma funeste étoile m'avait détourné de ce voyage indispensable , et cependant j'avais acquis la preuve d'une vente au-dessous du cours.

Condamnés à l'exhibition de leur carnet ou journal de vente , les prétendus courtiers-négociateurs

5

n'avaient jamais voulu obéir. Tout faisait présumer qu'il n'y avait pas eu de vente ; que les rescriptions bataves, confiées à Brunet et à Boucherot, avaient été seulement déposées en mains tierces. On avait fait établir un cours légal, par la convocation de tous les notables banquiers d'Amsterdam, et malgré la trahison évidente de mon procureur fondé, ce cours était à mon avantage. La fraude était évidente. Le refus d'exibition de la part des prétendus courtiers-vendeurs, la corroborait.

Enfin, peu de jours après le départ de mon fils, et avant la clôture de l'année 1811, l'arrêt définitif fut rendu par la cour de Paris.

Ici, je ne dois point omettre un fait important, mais que je dois isoler pour l'honneur de la magistrature.

Un des juges, devant qui l'affaire était portée, questionné sur ce qu'il en pensait, se permit de dire, avant l'arrêt rendu : « M. de Bourgade a rai-
» son, il est victime ; mais il est accoutumé à être
» malheureux : il faut qu'il le soit toujours, au
» lieu que ses parties sont fortunées. Si elles suc-
» combaient, elles pourraient être obligées de
» déposer leur bilan ; il faut que celui qui a pris,
» garde. »

D'après le défaut d'exhibition des carnets et la différence des cours, on devait m'accorder des dommages-intérêts supplémentaires et considérables en juste dédommagement. Je fus sur le point de ne rien obtenir, et l'intervention de l'agent du Trésor fut cause peut-être du succès médiocre qui me fut accordé... On condamna mes adversaires au paiement de la différence, montant à 200,000 f. et en 10,000 f. de dommages-intérêts envers moi et par corps.

Tout fut versé au Trésor , et je n'en pus rien
obtenir que long-temps après , lors de la restauration, comme on le verra... Ainsi, oubli des promesses du ministre , peines, emprunts , déplacements sans fruit, sans dédommagement : tel fut, en
dernière analyse , le résultat inattendu de cette
affaire, qui, pendant plus de quatorze ans, me
tourmenta horriblement , et me força aux plus
grands sacrifices.

Par surcroît de malheur, cet évènement réveilla
l'activité de mes créanciers déchus. Le sieur La-
montagne, avec le sieur Fagedet, avait répondu
pour moi, auprès de plusieurs... Le premier avait
même subi une arrestation... In sieur Protain l'a-
vait cautionné, mais je n'en demeurais pas moins
leur débiteur, ainsi que celui des sieurs Got, Bonjour, Daniaux, Gagne mon hôte, rue des Prouvaires, et surtout d'un sieur Bernard de Bordeaux,
mon voisin, premier auteur de la perte de mon
état et du dépouillement de ma fortune. Tous ces
créanciers ayant des titres contre moi, me poursuivirent. Ne recevant rien du Trésor, ne pouvant
aliéner mes immeubles, par suite des droits et de
la minorité de mon fils, je ne pouvais que les faire
languir , me résigner à leurs coups, emprunter
d'un côté pour payer de l'autre, et vivre comme
par miracle, et sans nul espoir prochain de changement de destinée.

Pendant que ces choses se passaient à Paris, mon
fils était arrivé à Naples... L'ambition lui avait
inspiré l'idée de quitter son nom, pour prendre
celui de son oncle qu'il voyait dans la plus haute
faveur... Une carrière brillante s'ouvrait devant
lui... Sa correspondance avait repris son cours, et

pendant 1812, je reçus onze lettres de lui jusqu'au 20 novembre.

Je passerai sous silence ses premières lettres des 8 février, 15 mars, 15 juin, qui se trouvent dans la première liasse, et ne contiennent que des détails particuliers et confidentiels, qui ne pourraient que convaincre de son hypocrisie, de sa duplicité et de sa fausseté, afin d'arriver à celle du 28 septembre qui est plus sérieuse. Elle est sous le numéro 23, première liasse.

Il y avoue que j'ai lieu de douter de son attachement, étant instruit de ce qu'il avait dit et fait contre moi jusqu'à son départ... Il me prie de lui pardonner ses petites étourderies... Il me remercie de mes offres d'argent, il n'en manque pas, son oncle lui donnant indépendamment de son entretien, dix ducats par mois, pour ses amusements : il gémit, ajoute-t-il, sachant que peut-être j'ai plus besoin d'argent que lui.

Dans la dernière du 20 novembre, il avoue que son oncle a dû être mécontent de lui, de sa mauvaise conduite, de bien des petites choses que sa jeunesse et son inexpérience l'ont porté à faire... Qu'il a été quatre jours aux arrêts, et que la punition n'était pas assez forte. L'exercice militaire, continue-t-il, est bien fatigant, mais loin de m'en plaindre, c'est celui qui me convient le mieux... Toujours protestation d'amour le plus sincère. (Lett. n° 24, première liasse.)

Nous étions déjà en 1813. La campagne de Russie était terminée à notre désavantage... Charles d'Arlincourt avait suivi son roi à la Grande Armée...Il était de retour à Naples... Des évènements majeurs avaient eu lieu pour moi... J'avais fait connaissance du sieur Gracien, avoué, qui m'a rendu les plus signalés services... Le sieur la Montagne était décédé, et il m'avait obligé... La dame d'Arlincourt quittant son domicile, rue du Rocher à Paris, avait accepté la maison du Maréchal Moncey, dont l'épouse s'était retirée dans ses terres... Elle devait présider à l'éducation de sa fille unique, et être à la tête de sa maison... Cette démarche fut la dernière de la dame d'Arlincourt... Elle termina sa carrière politique, privée et publique... Ses enfants étaient dispersés ; l'un en Espagne, l'autre à Naples, sa fille en Beauce : elle a été seule à ses derniers moments de son éclat... Moi seul, de tous les siens, me trouvais à Paris... Je la voyais quelquefois, et j'étais sans doute destiné par le ciel, à voir s'éteindre les feux de ce brillant météore.

Quelles réflexions firent naître, en moi, l'anéantissement progressif des facultés physiques et morales de ma belle-mère, avec le souvenir de son ambition, de son amour propre, de la domination qu'elle exerçait, et la comparaison de sa position actuelle avec celle dans laquelle elle s'était trouvée sous ses deux maris !

Cependant mon fils continuait sa correspondance. La duplicité de son caractère s'y développait de plus en plus... Je reçus douze lettres en 1813 ; dans la troisième du 22 janvier, mon fils avoue qu'il a eu tort de tenir, sur mon compte, soit à Paris, soit à Bordeaux, les propos dont je l'accusais... Il m'en fait ses excuses, et me prie de les oublier... Il n'a jamais cessé de m'aimer, me mandait-il, dans le moment même qu'il parlait et agissait ainsi contre moi.. Il me demande de l'argent pour bien des petites choses dont il a besoin... Il oublie sa lettre du 28 septembre précédent. (Lett. n° 27, liasse première.) Mais poursuivons.

En mars suivant, autre lettre avec demande d'un nouveau trousseau... Il va passer officier dans les Chevau-légers de la Garde; il lui tarde de l'être, parce que s'il ne se trouvait pas bien, il donnerait sa démission et reviendrait dans son pays. Toujours protestation d'amour à toute épreuve, avec désir de me rejoindre. (Lettre n° 28, première liasse.)

Dans le même temps, à la même date, il écrivait, à monsieur Fagedet, une lettre dont je vais citer quelques passages... « Je ne voulais vous écrire » qu'à vous personnellement, sans vous faire don- » ner ma lettre par mon père... Je me suis enfin » décidé à vous écrire à votre ancien logement, où » je vois avec plaisir que vous y étiez encore. J'ai » été très-content d'apprendre que mon père n'ait » pas vu la lettre que j'avais écrite à mademoiselle » Virginie, malgré ses danses et ses contorsions... » Ma foi, à vous dire la vérité, c'est mon père, » mais je suis très-content d'être débarrassé de » lui. Ici, je suis dans le paradis, etc. Quant à mon » père, je le respecte, mais pour être avec lui, je » n'y serai jamais plus... Je ne sais ce que mon » père me disait dans une de ses lettres, qu'il avait » appris les propos que j'avais tenus sur son compte » chez madame de Claustre, à M. Longairou, à » l'hôtel des Prouvaires, à Bordeaux... Ceux, chez » qui je l'ai dit, ils ont eu tort de lui dire, etc. » J'espère que mon père a menti, car c'est tou- » jours sa coutume; laissons-le comme il est, etc. »

Cette lettre, cotée n° 28 *bis* de la 1re liasse, et comparée avec celle de même date qu'il m'écrivait, prouve l'astuce de celui qui, à l'âge de quinze ans, déguisait avec moi, et avec autant de perfidie que de duplicité, les vrais sentiments de son cœur.

Du reste, j'étais déjà instruit de sa conduite... Mes lettres tendres et paternelles devenaient toutes infructueuses. Nous verrons, dans la suite, que mon mécontentement ne fit qu'accroître et ne fut que trop légitime.

Il paraît que mon fils fit, à cette époque, une maladie de deux à trois mois, occasionnée, sans nul doute, par l'excès des plaisirs dans le pays enchanteur qu'il habitait... J'en fus prévenu par son oncle, et le 18 juin 1813 par lui-même.

Dans cette nouvelle lettre, même tendresse apparente. Il m'annonce sa maladie et sa convalescence... Il me mande qu'il a pensé souvent à moi, qu'il s'est écrié souvent : Comment est-il possible que je ne voie plus mon père! Adieu. Dieu veuille que je puisse bientôt te revoir ; j'espère que, ce jour-là, nous serons tous heureux. Je t'embrasse! etc. (Lett. no 29 1re liasse.) Quel est le père qui n'aurait pas cru à la sincérité de ces sentiments?

Dans la lettre du 8 juillet, confidence apparente, il n'a pas envie de vivre avec moi politiquement... « Sois sûr, mon cher papa, que nous serons toujours d'accord... La conduite de mon oncle à mon égard, jusqu'à ce jour, me ferait presque repentir d'être venu avec lui... Recommandation de ne rien dire de ces plaintes à son oncle. » (Lett. n° 30, 1re liasse.)

Dans deux lettres du mois d'août, il me mande qu'il s'ennuie fortement à Naples, qu'une fois revenu à Paris, il ne veut plus se séparer de moi... Il s'ennuie de l'état militaire, il veut le quitter, il enrage sa vie. (Lett. no 33, 1re liasse.)

Sa dépêche du 9 septembre exprime ses regrets

sur la mort de sa Virginie... Il continue à s'ennuyer et veut absolument revenir en France, ou bien, il ne répond pas de lui... Sous la date du 18 septembre, mêmes regrets sur la mort de Virginie... Son premier amour ne passera pas, — il veut revenir en France ou mourir... Le 19 novembre 1813, il vient d'être fait sous-lieutenant des cuirassiers de la garde; il va partir pour la grande armée; il ne déshonorera pas son nom... « Il fut un temps où je » n'avais pas de raison, aujourd'hui je commence » à en avoir : comprends ce passage... » (Article souligné dans le texte.) (Lett. numéro 36, première liasse.)

J'avais entretenu avec M. Charles d'Arlincourt, mon beau-frère, une active correspondance... Dans la sienne il se plaignait, parfois, de son neveu... sous le 26 juillet 1813 : « Je pense toujours à Edouard, je sais » qu'il se plaint : il a grand tort ; il n'est pas con- » fiant, second tort... » Du 19 novembre suivant : « Le roi vient de nommer sous-lieutenant, Edouard. » J'ai saisi cette occasion pour lui lire votre let- » tre, et lui ai fait une morale solide. Le grade » qu'il vient de recevoir, en le retirant de l'espèce » de monde qu'il était obligé de fréquenter, pro- » duira un grand effet... » Il me mandait peu après : « Votre fils commence à connaître, assez » bien, son métier d'officier de cavalerie ; mais » pour ce qui regarde toute autre chose, il ne veut » rien faire, et se plaît dans la plus complète igno- » rance, quoi que j'en dise et quoi que je fasse. Il » faut que vous vous donniez la peine de lui écrire » là-dessus... » 18 juin 1814. « Je ferai d'Edouard » un bon militaire, j'espère; mais cela sera tout, s'il » ne surmonte sa paresse. Il est jeune, il y a en- » core de la ressource. » (Extrait de la corresp. de

M. le baron d'Arlincourt, contenant une liasse de dix-sept lettres.)

Cependant la dame d'Arlincourt, dont tout annonçait la fin prochaine, avait quitté le domicile du maréchal Moncey; obsédée par un catarrhe opiniâtre, elle avait repris la route de ses terres. La fille de M. de Moncey l'avait suivie. Son mal avait empiré, la baronne de l'Epinay avait couru auprès de sa mère; je n'avais pu l'y suivre, et en juillet 1813, la dame d'Arlincourt avait terminé son étonnante carrière... Elle reçut tous les honneurs dus à son rang... Elle fut enterrée dans l'endroit de ses terres qu'elle avait désigné, et ce lieu est devenu depuis, par mes soins, un monument pieux et l'objet de la vénération des habitants du village, qui avaient été autrefois les vassaux de celle dont ce petit coin de terre est, aujourd'hui, la dernière demeure.

CHAPITRE HUITIÈME.

Succession de la dame d'Arlincourt. — Conduite de l'auteur. — Inventaire. — Bris des scellés. — Testament ou partage fait par la mère entre ses deux enfants du deuxième lit. — Remise des titres sur les Bourbons. — Emprunt Girard. — Poursuites des créanciers. — Arrangements avec eux. — Continuation de la correspondance de Naples. — Première restauration en 1814. — Nomination à la place de juge à Coutances. — Départ pour ce lieu.

Aussitôt que j'eus appris le décès de ma belle-mère, je courus chez M. le comte Chollet, alors sénateur, aujourd'hui pair... Il avait été l'ami de madame d'Arlincourt... Sa fille aînée était ma belle-sœur. Je témoignai le désir sincère de voir s'exé-

cuter nos partages, sans nulle contestation. J'an-
nonçai les vues les plus pacifiques et les moins
intéressées. Je dis qu'une bonne réputation étant
la principale fortune que nous laissait notre mère,
il fallait la conserver sans tache ; que j'étais disposé,
personnellement, à tous les sacrifices pour entretenir une bonne et parfaite union.

Cette déclaration étonna, parce qu'on connaissait
mon caractère ferme pour le maintien des droits
de mon fils ; mais, je crus que, dans cette circonstance, je pouvais et je devais même tenir un juste
milieu entre toutes les parties. Je ne déviai point
de la route que je m'étais tracée, et cependant quels
en ont été, pour moi, les résultats !

J'écrivis à Naples, dans les mêmes sentiments, à
mon beau-frère Charles... La baronne l'Epinay et
M. Taffart, enfants du premier lit, se rendirent à
Paris : on s'accorda, avec les représentants des deux
fils du second, pour l'inventaire de la ville, des
terres, et la vente du mobilier.

On partit pour l'Epinoy, accompagné du notaire
Agasse, conseil de madame de l'Épinay ; madame
Victor d'Arlincourt fut suivie de M. l'avoué Boucher, et M. Gracien père eut la bonté de venir
avec moi, ne voulant rien faire sans son avis, et qui
pût porter atteinte à mon mineur.

Nous présumions que cet inventaire présenterait
beaucoup de difficultés, surtout ayant les droits
des enfants des deux lits à régler et à faire valoir.

Ma belle-sœur l'Epinay et moi avions un contrat
de mariage qui nous avantageait de cent vingt mille
francs. Mes beaux-frères du second lit, mariés
après nous, avaient également des avantages à ré-
clamer, et tout cet ensemble excédait la valeur
réelle des immeubles de la succession.

Je crus que, pour le bien de la paix, il valait mieux rapporter les droits communs à la masse, pour partager tous également, sauf à prendre un nouveau parti, s'il se trouvait des dispositions testamentaires qui le nécessitassent.

On s'arrêta à ce sage projet. Arrivé sur les lieux, fin de novembre 1813, on procéda à l'inventaire du mobilier de l'habitation. Il fut retenu par le sieur Chivot, en présence de M. Cabosse, juge-de paix du canton.

Mais au début des opérations, dans une pièce au rez-de-chaussée où était l'armoire secrète et la plus importante pour madame d'Arlincourt, celle où elle renfermait ce qu'elle avait de plus précieux, on trouva brisés les scellés apposés sur cette armoire par M. le juge-de-paix, à l'instant du décès : tous les autres étaient intacts... L'abbé Grenot et la demoiselle Walton, gardiens desdits scellés, étaient incapables d'avoir commis ce crime : on ne sut à qui l'attribuer. Cet évènement pouvait avoir des suites funestes, quand on ne trouva, dans cette armoire ouverte et fracturée, aucun des titres qu'on devait espérer d'y trouver, notamment ceux des sommes d'argent placées par la dame d'Arlincourt à l'étranger, ni numéraire, ni bijoux de quelque valeur. Chacun de nous savait, pour l'avoir ouï dire plus d'une fois à notre mère, qu'elle était plus riche à l'étranger qu'en France ; elle m'avait personnellement confié qu'elle y possédait quatre cent mille francs... Rien ne se trouva... L'étonnement fut au comble. Il était délicat de parler de cet incident... J'aurais pu *personnellement* en demander l'inscription dans le procès-verbal d'inventaire... Je crus qu'il valait mieux le laisser ignorer à la justice et se résigner à la perte considérable qui en était le résultat, perte qui, suivant les apparences et les soupçons justement fondés, ne devait pas peser sur tous les cohéritiers de la succession commune.

L'union et la concorde ne furent point troublées par cet incident, qui eut pour témoins, indépendamment de chacun des cinq cohéritiers ou de son représentant, la demoiselle Walton, l'abbé Grenot, MM. Agasse, notaire, Boucher et Gracien père, avoués, le juge-de-paix du canton de Moreuil, M. Cabosse, le notaire Chivot, tous encore existants.

Les deux honnêtes gardiens des scellés, l'abbé Grenot et la demoiselle Walton, l'un ancien précepteur, et l'autre ancienne gouvernante des enfants du second lit de la dame d'Arlincourt, pour satisfaire au besoin de leur conscience, remirent, alors, un papier cacheté qui leur avait été déposé par la dame d'Arlincourt, de son vivant. On leur demanda s'ils en avaient d'autres; ils jurèrent qu'ils n'en avaient plus aucun.

On ouvrit ce papier mystérieux... C'était une espèce de testament, ou plutôt un partage fait de son vivant, par la dame d'Arlincourt, entr'elle et ses enfants du second lit, par lequel, elle leur cédait toute sa fortune à sa mort, en, par eux, donnant à leur frère et à leurs deux sœurs du premier lit, une espèce de légitime qui n'aurait pas excédé trente mille francs pour chacun, en assignant un délai moral, afin que les deux héritiers préférés pussent acquitter ces divers paiements à leur commodité... Chacun des fils et filles du premier lit était désigné ou désignées par leur nom dans cet étrange écrit... Il était signé de la dame d'Arlincourt et de ses fils, Charles et Victor.

La dame de l'Epinay, qui avait assisté à la mort

de sa mère, qui lui avait demandé, si elle n'avait
rien à lui ordonner , si elle n'avait point quelques
dispositions particulières à régler , si elle ne voulait point laisser par écrit, ou confier à sa piété
filiale quelques dernières volontés , quelques marques de souvénir pour ses deux enfants, Victor et
Charles absents, avait obtenu de sa mère mourante
pour toute réponse : qu'elle n'avait rien à dire ,
rien à faire pour personne... Cette espèce d'insouciance contrastait fortement avec l'écrit présenté. La dame d'Arlincourt était morte sans té-
moigner aucun sentiment de prédilection pour un
de ces cinq enfants, et cependant, par cet écrit,
elle en proscrivait trois qui ne l'avaient point mérité , surtout mon fils, remplaçant, à ses yeux, une
fille qu'elle n'aurait jamais dû oublier.

Les préventions les plus fortes pouvaient s'élever
dans le cœur des trois enfants du premier lit, contre les deux du second... Des procès pouvaient avoir
lieu entr'eux, tant au sujet de la revendication du
montant de la vente du mobilier de Saint-Do-
mingue, touché par la dame d'Arlincourt, à son
premier veuvage , dont elle n'avait jamais rendu
compte, et qu'on savait s'être élevé à près de cent
mille écus, argent de France , que pour cause du
bris des scellés, de ce partage insolite et des répétitions des constitutions et donations faites par
la dame d'Arlincourt à ses deux filles du premier
lit... Je parvins à tout écarter, à tout faire mettre
à la masse commune pour se contenter d'une quote
part héréditaire... Les témoins du bris des scellés
le furent et le seraient au besoin de ce nouveau
fait dont je viens de rendre compte et de tout ce
qui est relatif à ce prétendu testament.

Un troisième fait bien essentiel à observer est la

remise des lettres sur les Bourbons trouvées dans les papiers de la succession... Ils constataient une créance de trois millions en capital avec les intérêts échus... Le capital appartenait aux seuls héritiers de M. d'Arlincourt, et les intérêts aux cinq enfants de sa femme, parce qu'elle avait, dans son contrat de mariage, une clause de rétention jusqu'au parfait paiement de son douaire, de son gain de survie, de ses conventions matrimoniales qui n'avaient jamais été réglées, ni acquittées en sa faveur depuis le décès de M. d'Arlincourt et la restitution de ses biens.

La marche des opérations militaires et politiques semblait annoncer que cette créance et ses accessoires pouvaient acquérir une grande valeur ; cependant je fis encore consentir mes cohéritiers du premier lit à la remise, sans nulle réserve de ces titres : remise dont furent encore témoins ceux qui l'avaient été des faits rapportés précédemment.

Après avoir tout inventorié, tout vendu, tout rapporté à Paris pour être confondu dans l'inventaire général qui devait être dressé, clos et arrêté par le notaire Dunays, on se sépara, et je repris la route de Paris, sans rien toucher de cette succession ; parce que madame de l'Epinay, créancière d'une soulte du prix de la vente de la forêt de la Teste du Busch, avait eu la précaution de faire opposition sur la portion du produit du mobilier revenant à mon fils. Je fus donc très-embarrassé pour m'en revenir.

Je regagnai enfin mon domicile... M. Gracien, qui m'avait déjà fait des avances, vint encore à mon secours... L'emprunt Girard de 17,000 fr. eut lieu, le 15 juin 1814, par suite d'une autorisation d'emprunter, au nom de mon fils, en date du 17 mars précédent, homologuée le 19 suivant.

Je calmai les créanciers qui me poursuivaient, et je pris des arrangements avec eux... Certains acceptèrent des délégations sur les droits de mon fils. De ce nombre, fut le sieur Daniaux, et je pus m'occuper , soit des affaires de la succession à Paris, soit des miennes : je pus aussi suivre les évènements politiques qui allaient changer les destinées de la France , et peut-être influer sur les miennes.

Le sort de mon fils m'inquiétait beaucoup à cette époque... Sa correspondance continuait avec moi, et en 1814, je reçus sept lettres de lui, dont je vais donner une courte analyse.

Dans la première, du 22 janvier, il me témoigne ses craintes sur mon silence, s'excuse envers moi, m'invite à ne point croire aux rapports contre lui, me demande des fonds, me fait le tableau de sa détresse, son oncle étant alors à la Grande Armée.

Par sa seconde, du 5 février, que j'ai fait *timbrer* et *enregistrer,* il m'annonce la résolution de ne point porter les armes contre sa patrie. Il régnait alors une grande mésintelligence entre le roi de Naples et l'empereur.

La troisième, quoique succincte , est précieuse : sa situation présente est terrible. Il ne sait ce qu'il va devenir, par suite des évènements : ce qui lui fait le plus de peine, c'est moi.

La joie sincère du retour des Bourbons, et de la déchéance de Napoléon, est exprimée dans sa quatrième, du 17 juin; elle contient aussi des plaintes et des menaces contre M. Fagedet et une demande d'argent.

Il m'invite de remettre des fonds, pour lui, à un

officier, revenu en France, avec une courte permission, par sa cinquème lettre, dont cet officier était porteur : il me prie aussi, par cette cinquième, du 12 août, d'engager son oncle à le ramener en France pour l'hiver.

Les sixième et septième contiennent des accusés de réception de plusieurs de mes lettres et d'une lettre de change que je lui avais expédiée, l'espoir de son prochain retour, une nouvelle demande de fonds et des protestations de tendresse et de respect.

Toutes ces lettres font partie de la première liasse, et y sont contenues, depuis et compris les numéros 38 et 44.

Cette correspondance ne m'en imposait plus sur la conduite réelle de mon fils... Je savais qu'il avait pris l'habitude du libertinage, de la débauche, de la dépense ; la passion du vin et de l'eau-de-vie, au point de vendre ses épaulettes pour la satisfaire... Je connaissais la cause de ses maladies... Tout le tableau de sa vie m'avait été fidèlement rendu... Il n'osera nier la vérité que je puis lui faire démontrer par des témoins de ses excès, et que M. le baron d'Arlincourt m'a lui-même confirmée plusieurs fois.

Depuis l'heureuse restauration du mois de mars 1814, je n'avais cessé de faire des démarches pour obtenir du service en France, pour ce fils... Madame la marquise de Rouget, née Mortemart, avait eu la bonté de s'y intéresser... M. le duc d'Avrai, à la recommandation de cette dame, m'avait promis de le placer dans sa compagnie des gardes-du-corps... J'avais, en outre, la certitude qu'il serait placé, à son choix, dans un autre corps de cavalerie de la maison du roi, dont M. le comte de Rouget était un des officiers... J'étais disposé à faire tous les sacrifices, pour y équiper et entretenir mon fils que l'on m'avait promis de faire rentrer en France, avec son oncle, dans l'automne ou l'hiver de cette année... J'avais donc fait, pour ce fils, tout ce que la nature, le devoir, la tendresse paternelle commandaient à mon cœur.

Les heureux évènements qui venaient de se passer avaient rendu une existence réelle aux titres sur les Bourbons, remis à la famille d'Arlincourt... Mon beau-frère Victor venait d'être appelé au conseil d'État, en qualité de maître des requêtes... J'avais toujours entretenu des relations avec lui... Il s'employa en ma faveur... Il fit valoir mes services sous Louis XVI, mon inactivité sous les gouvernements intermédiaires... Il fit prévaloir ces motifs, et le 2 novembre 1814, je fus nommé juge au tribunal de Coutances, chef-lieu de cours d'assises pour le département de la Manche.

La carrière à laquelle j'avais été destiné dès l'enfance, allait donc s'ouvrir pour moi !... Je fis mes préparatifs de départ, et à la fin de novembre de cette année, je quittai Paris pour me rendre à mon poste.

Mais il était écrit que, là comme ailleurs, je ne devais pas goûter long-temps le repos, et que ma fatale destinée y aurait toujours, comme par le passé, la plus funeste influence.

TROISIÈME PARTIE.

VIE PUBLIQUE ET PRIVÉE DE L'AUTEUR DEPUIS 1814 JUSQU'EN 1825.

CHAPITRE PREMIER.

Arrivée à Coutances. — Ventes des terres en Picardie. — Poursuites des sieurs Daniaux, Bernard et de Paris. — Evènements du 20 mars 1815. — Correspondance Gratien. — Conduite de l'auteur. — Son remplacement. — Liaison avec la famille de Chevreuse. — Réintégration. Captivité du fils.

Je prêtai serment à la Cour Royale de Caen... J'y fus même, pour mon début, assez mal reçu de M. le Baron Goupil de Prefelu, Procureur général, auquel cependant j'étais parfaitement inconnu, mais auquel aussi ma réputation, qui m'avait devancé, ne plaisait pas sans doute... Je fus installé à Coutances, je m'acquittai de mes fonctions avec tout le zèle dont j'étais capable.

De tous mes nouveaux confrères, celui avec lequel je me liai le plus, fut M. Pigeon de Boisval. Son père avait été magistrat, et était mort victime de la révolution. Nous avions les mêmes goûts; moraux, littéraires, politiques et religieux.... Le Président Vaultier, vieillard respectable, avait prescrit la juste réputation d'un juge consommé dans sa partie.

Dans le même temps, les terres de l'Épinay et Castel, dépendant de la succession d'Arlincourt, se vendaient, judiciairement, à Paris, par le ministère de l'avoué Boucher. Le Baron d'Arlincourt, son client, s'en était rendu adjudicataire... C'étaient les seuls immeubles d'une hérédité qui devait être plus considérable.

Ma belle-mère avait vendu, de son vivant, les domaines qui lui appartenaient à Belin près Bordeaux, à M. le Baron son fils. Ce dernier les avait soldés en compensation de sommes ou dues, ou précédemment reçues par sa mère. Il acquérait les deux terres, il fut l'héritier à Gujand près Bordeaux, d'un oncle, frère de la dame d'Arlincourt, et M. le Baron se trouva ainsi, le seul possesseur de tous les biens de la famille de notre mère, à peu de frais et par suite de son heureuse étoile... Il n'avait pas été plus malheureux à Naples sous Murat qu'à Paris, parmi les siens. La fortune de son père fut recouvrée par suite de la restauration de la maison de Bourbon, et M. Charles d'Arlincourt bon, sensible et modeste dans une honnête médiocrité, devint, avec les honneurs, l'opulence et le titre de Baron, ce que deviennent ordinairement tous ses semblables... aussi peut-on lui appliquer avec justice cette sentence si connue de Térence : *homo sum, et nil a me humani alienum puto*.

Certains de mes créanciers s'étaient réveillés avec mon changement d'état. De ce nombre, étaient MM. Daniaux, Bernard et de Paris. Ils furent, tous les trois, les plus acharnés, et devaient, sous tous les rapports, l'être le moins. Le sieur Bernard me fit, même alors, signifier à Coutances un jugement par corps qu'il avait obtenu contre moi, en septembre précédent à Paris. Cette signification, pour mon début, me fut très-nuisible. Par suite, M. Bernard, qui devait conserver des égards pour moi, devint la cause de la perte de mon état, que mes créanciers avaient intérêt que je conservasse et auquel ses poursuites sans cesse actives m'ont forcé de renoncer , ainsi que ses manœuvres combinées avec M. Hostin et mon fils m'ont fait dépouiller de toute ma fortune , sans beaucoup de fruit pour lui jusqu'à ce moment.

Le sieur de Paris, cessionnaire du titre escroqué par la dame Gaudet, qui avait reçu des à-compte nombreux de moi, et dont j'étais le débiteur pour solde de deux mille neuf cents francs par traite condamnée, me menaçait également, mais me fit alors moins de mal que le sieur Bernard.

Ma correspondance avec M. Gratien et la dame de Claustre adoucissait ces tourments; mais ainsi qu'eux, je ne pouvais appaiser mes créanciers que par des espérances, faisant tout ce qui était en moi pour leur donner des à-compte et conserver ma place.

L'évènement du 20 mars 1815 vint pour le moment, anéantir tous mes projets... Il fit éclater la perfidie, la trahison et l'ingratitude... Je fus le seul exclu du tribunal à cette époque... j'avais cessé mes fonctions, sans attendre l'ordre officiel de M. Goupil Prefelu... Un jeune homme de Saint-Lô , mon successeur, ne voulut point exercer... je restai, comme particulier, dans un pays où mon roi m'avait envoyé comme juge, dans l'attente du moment où il plairait à la Providence de me réintégrer avec lui.

Tous les êtres bien pensants m'accueillirent avec intérêt. La famille de Cheverue fut de ce nombre; le Marquis avait émigré, je le vis et le cultivai. Sa parente mademoiselle de Cérisy et lui, M. l'évêque de Coutances, Dupont de Poursac , M. de Boisval m'ouvrirent alors leur bourse et me forcèrent généreusement d'y avoir recours... Toute la jeunesse de Coutances s'intéressa à mon sort... Le sieur Gonffrey, aujourd'hui président, fut le seul qui me demanda la cause de la prolongation de mon séjour et l'instant de mon départ.

Cependant ce triomphe de Napoléon fut éphémère, la victoire cessa de suivre ses drapeaux, l'aigle s'enfuit, le 12 juillet 1815, je repris mes fonctions, le barreau de Coutances me donna des marques de sa satisfaction, et je me retrouvai, encore une fois, sur le siége; mais je ne fus pas long-temps sans éprouver de nouveaux revers et de nouvelles catastrophes.

Au milieu de tous les évènements qui avaient eu lieu en France, j'avais reçu des nouvelles de mon fils; une lettre de lui du 1ᵉʳ janvier 1815, datée de Naples, contenait des excuses de ses torts, des prières de les oublier, des demandes d'argent (lett. n° 1, 2ᵉ liasse).

Dans une seconde du 21 du même mois, il me consultait sur son retour... Son oncle avait été fait général par Murat; venu peu de temps avant les Cent jours à Paris, il m'avait écrit, sous la date du 9 mars, de ne point m'inquiéter sur le sort de mon fils, qu'il veillait sur lui et qu'il partagerait, comme il l'avait déjà fait, son sort. (Lett. n° 9, liasse unique.)

En effet peu de jours après, le Baron d'Arlincourt, s'étant retiré de Paris, pour rejoindre Murat, avait été fait prisonnier par les Autrichiens et conduit prisonnier à Arrad en Hongrie. Son neveu, pris les armes à la main, mais après capitulation, fut également envoyé prisonnier dans cette forteresse. L'oncle eut promptement sa liberté, revint à Paris qu'il ne quitta plus, et promit de faire toutes les démarches pour son neveu.

Mais ce dernier, en attendant, restait seul dans les fers, sans secours, sans possibilité de lui en procurer. Cette captivité fut de plusieurs mois ; j'en reçus plusieurs lettres, pendant sa durée, sous les dates des 16 septembre 1815, 1er février, 5 et 18 avril, 4 mai 1816. J'y répondis avec exactitude... Je fis à Paris et auprès de mes beaux-frères, tout ce qu'il fallait pour adoucir le sort de mon fils, et j'obtenais, dans leurs réponses, les assurances d'un prompt changement de destinée.

CHAPITRE SECOND.

Garnison prussienne à Coutances. — Continuation de la correspondance. — Affaire de la succession d'Arlincourt. — Menaces des créanciers. — Vacances chez le sieur Boisval. — Projet de changement des tribunaux. — Intrigues. — Mésintelligence avec le sieur Gonffrey. — Installation du nouveau tribunal. — Sa composition. — Cour prévôtale. — Nomination à la place d'assesseur. — Affaire Bertrand. — Délivrance du fils ; son séjour en Picardie chez son oncle. — Lettre à son père. — Départ de ce dernier. — Entrevue mutuelle à Hailles. Ses résultats. — Retour à Coutances.

Les alliés avaient mis garnison dans tous les lieux les plus marquants de la France, les Prussiens s'établirent à Coutances. Leurs efforts furent infructueux pour occuper Cherbourg, ville maritime et frontière de la Manche. Cette place importante ne voulut se rendre qu'au roi.

Ma correspondance de Paris s'était ranimée. L'affaire de la succession se poursuivait, les formalités à prendre pour mon mineur avaient été remplies... Une transaction du 6 juin 1815 avait été homologuée le 27 février 1816... Les débats en

partage se continuaient avec activité chez le notaire Dunays. J'avais géré quelques mois la succession et fait exécuter le mausolée de madame
d'Arlincourt, par suite d'une délibération commune de tous les cohéritiers; mais, les frais s'étant
élevés à quatre cents francs, on ne voulut plus
m'en tenir compte, et je me vis forcé d'en prendre
sur moi la totalité... La prolongation de ces débats
accroissait la masse des dépens, chaque vacation
était comptée, je désirais ardemment d'en voir
arrêter le nombre.

L'arrivée à Paris de M. le Baron d'Arlincourt,
suivie peu après de celle de sa famille, avait hâté
ces débats. Forcé par la mort de Murat, de renoncer à l'Italie, mon beau-frère avait acquis une nouvelle propriété à Haillés près celles de la succession dont il n'avait conservé que Castel. Sans service en France, il résidait dans ses terres.

Mes créanciers répétaient, quelquefois, leurs
menaces; mais, cependant j'en étais encore quitte
pour une correspondance un peu pénible avec
eux... Le fidèle M. Gracien me soutenait de tous
les moyens et de tout le zèle de la plus active
amitié.

Dans ces temps orageux, j'avais reçu et je recevais
rarement des nouvelles de Bordeaux... l'arrivée
des Anglais, le départ de la Duchesse d'Angoulême
au 20 mars, la résistance des troupes après la seconde restauration, le voisinage de l'armée de la
Loire, rendaient la communication difficile avec
la ville de Coutances... Cependant M. Cosse et mon
homme d'affaires de campagne veillaient à mes
biens... mais ils se ressentaient de l'absence du
maître... j'avais cessé tout domicile à Bordeaux...
mes domestiques s'étaient installés à Listrac. Peu

de temps après j'avais fait vendre par économie, mon mobilier de Bordeaux. Cette vente eut lieu au plus bas prix. Je fus trompé et peu suivi dans les réserves expresses que j'avais faites pour la conservation de certains objets... on me fit passer, pour la forme, quelque peu d'argent à Coutances, et chacun se partagea à Bordeaux les derniers débris du mobilier considérable de mes aïeux.

Néanmoins les vacances de 1815 étaient venues... j'en fus passer une partie à la terre de M. Boisval, mon confrère ; mon séjour chez lui y resserra, en apparence, les nœuds de notre amitié ; mais, quoiqu'elle parût être indissoluble, elle ne tint pas contre les épreuves de la calomnie, de l'ambition, et M. de Boisval fut le premier à me trahir, à m'abandonner, quand l'ordre des choses, son intérêt, celui d'un certain parti, lui en firent la loi.

J'eus alors quelques présages de ce qui devait m'arriver... je m'y arrêtai peu, et quoiqu'ils eussent recommandé mon attention, je n'y avais point cru, et je ne m'étais nullement inquiété.

On s'occupait du changement des tribunaux. M. Barbé-Marbois était garde des Sceaux, sa fille avait épousé le fils de l'archi-trésorier le Brun. Ce dernier était encore tout-puissant et habitait le département de la Manche, dont il était originaire. Il influa beaucoup sur les nominations du département et de Coutances... Le sieur Gonffrey fut vice-président du nouveau tribunal, et l'on me conserva dans la place de juge.

On créa alors, les cours prévôtales... le même M. Gonffrey en fut le président, le Marquis de Cheverue le prévôt, et je devins son assesseur : une alliance d'individus aussi disparate devait avoir d'étranges résultats pour le bien public.

L'opinion politique du nouveau président n'était pas d'accord avec celle du prévôt et de l'assesseur. Aussi on ne tarda pas d'en voir les tristes suites.

Parmi les affaires qui ne firent qu'accroître ma mésintelligence avec le sieur Gonffrey, celle d'un nommé Bertrand, fut la plus remarquable.

Ce jeune homme, ancien militaire, étant en faction, comme garde nationale, s'était permis de courir sur les jeunes gens de Coutances qui passaient, deux à deux, en chantant des chansons royalistes; il en atteignit un à la cuisse, où il lui enfonça sa baïonnette. Il s'établit dans la partie lésée une extravasion de sang et une plaie considérable : le blessé et les jeunes gens demandèrent justice au prévôt : elle leur fut accordée. Bertrand fut arrêté, on instruisit contre lui : des journaux royalistes rendirent compte de cet évènement ; le commandant de la garde nationale, quoique ancien émigré, mais amant de la sœur de ce Bertrand, le servit de tout son pouvoir.

M. le président de la cour prévôtale se déclara contre le prévôt et son assesseur, pour plaire au commandant de la garde nationale. Toute la faculté de Coutances, tous les gens de l'art, M. le prévôt lui-même, visitèrent le plaignant, pour constater sa blessure ; divers arrêts de compétence furent cassés à la cour de Caen... Le préfet du département de la Manche fut gagné, on m'accusa de vouloir mettre le trouble dans la ville de Coutances, parce que je voulais faire punir un coupable injustement soutenu... Enfin, après plusieurs mois de conflit d'autorité, Bertrand, renvoyé au tribunal correctionnel, y fut condamné, malgré les précautions et les promesses contraires du sieur Gonffrey qui le présidait : cette condamnation ne fit qu'augmenter ma mésintelligence avec ce magistrat.

Cependant, mon fils avait obtenu sa liberté et s'était rendu à Hailles chez son oncle le Baron. Sa première lettre datée de Paris du 5 juin 1816, en réponse d'une des miennes du 29 mai précédent, où je l'invitais à se réunir avec moi et à nous entendre ensemble pour l'acquit de mes créanciers, était un premier refus, motivé, mais refus qui annonçait, par suite de conseils, avoir dès-lors pour unique but, de tout garder et de me forcer à une banqueroute. (Lett. n° 8, 2. liasse.)

Une seconde lettre de mon fils du 19 juin, en réponse à la mienne du 10 précédent, est, en quelque sorte, plus expressive. Il se disculpe à sa manière, de n'être point venu me trouver et de n'y point venir, d'après mon invitation. Il témoigne la plus parfaite insouciance pour moi, il oublie les désirs qu'il avait autrefois de me rejoindre. Il me reproche de l'engager à donner sa confiance à de prétendus amis qui ne sont que des créanciers, me mande qu'il attache plus de prix aux conseils de ses oncles qu'aux miens et à ceux de ces gens-là. Il parle de son intention d'attaquer, un jour, les dispositions testamentaires de sa mère, les emprunts par autorisation de famille. Il finit par ces mots : « Écoutez, mon père, votre lettre ne m'épouvante » pas, agissez ; mais, pour signer ou pour faire rien » qui soit contraire aux principes que j'ai embrassés, » il est inutile d'y penser. Je serai inébranlable, » dût-il m'en coûter beaucoup. » (Lett. n° 9, 2° liasse.)

Voyant ces préventions et cette opiniâtreté, je me décidai à m'absenter, sept à huit jours, avec l'agrément de mes supérieurs. Je partis le 24 juin pour me rendre auprès de mon fils; arrivé au village d'Hailles, je le fis prévenir de mon arrivée; il ne vint point à ma rencontre, et me reçut comme un ennemi parlementaire. Je vis son oncle, son épouse, ses enfants; on me confirma les intentions hostiles de mon fils, l'inutilité de mes efforts et de mon voyage, la perversité de la conduite de ce fils, la dépravation de ses mœurs, les maladies qu'il avait eues et qu'il avait encore, sa fréquentation des cabarets et des gens de l'office, de préférence à la bonne compagnie.

Mon beau-frère me fit voir un faux qu'avait fait mon fils, en signant la signature du Baron d'Arlincourt, au bas de l'état de ses services dans le régiment de son oncle, et que ce dernier était obligé de ratifier... Je trouvai ce fils nu comme un ver. Je proposai son placement dans la garde du roi et de pourvoir à la dépense, je fus refusé... Je parlai de mes reprises nouvelles et majeures sur nouveaux renseignements de l'avocat Schimel-Peninqk à Amsterdam, je pris l'engagement de retourner à Hailles au mois de septembre, pour faire le voyage de la Hollande avec mon beau-frère, je promis d'envoyer du linge et des habits à mon fils, je l'embrassai et le quittai, sans nul résultat, sans espérance pour l'avenir. Je revins à Coutances, je m'empressai d'envoyer ce que j'avais promis à ce fils dont, sous tous les rapports, j'étais peu satisfait, et dévorant tous mes chagrins dans mon cœur, je repris le cours de mes travaux.

CHAPITRE TROISIÈME.

Départ du fils pour Bordeaux et Listrac. — Son installa-
tion dans les propriétés du père , sans son aveu. — Corres-
pondance. — Second voyage à Hailles et retour. —
Poursuites des créanciers. — Emprunt. — Conduite du
fils. — Sa liaison avec la famille Hostin. — Lettre à ce
sujet. — Conseils du sieur Hostin au fils. — Voyage à
Bordeaux. — Affaires de la succession. — Règlement
avec le Trésor. — Ordonnance du Roi. — Contrat en
règlement avec le baron d'Arlincourt. — Engagement
Gracien. — Départ pour Coutances. — Vacances de
1818.

On m'avait fortement conseillé , pendant mon
court séjour en Picardie, de tout donner à mon fils
et d'abandonner mes créanciers; j'avais formé avec
mon beau-frère, un plan de quelques négociations
auprès d'eux, il m'avait promis d'écrire à cet effet.

Je reçus, en conséquence, les 5, 12, 18 et 20
juillet 1816, quatre lettres de mon fils... elles sont
assez raisonnées et assez raisonnables... la dernière
m'annonce alors et sans cause , de la part de
M. Victor d'Arlincourt, la résolution de ne plus
rien faire pour moi, vu, y est-il dit, qu'il m'avait
fait assez en me plaçant... réflexions de mon fils à
ce sujet sur la fâcheuse nécessité d'avoir besoin de
ses parents. (Lett. n°s 10, 11, 12 et 13, 2ᵉ liasse.)

Une cinquième dépêche du 1ᵉʳ août, m'annonça
que le lendemain il partait pour Bordeaux et
Listrac, étant ennuyé d'être chez son oncle et à sa
charge, et me remerciait d'un nouveau trousseau
de linge que je lui avais envoyé. (Lett. n° 14,
2ᵉ liasse.)

Trois autres lettres des 16, 25 et 26 du même

mois, m'apprirent son arrivée à Listrac, *où je veux agir en maître en votre absence*. Il tint parole : il bouleversa tout, fit cesser l'autorité de mon homme d'affaires, prétendit que ses ordres seuls fussent suivis, toucha toutes les récoltes, vendit, échangea, chassa tous ceux de mes domestiques qui m'étaient attachés, et il n'avait aucun pouvoir !

Voulait-on lui faire quelques représentations sur sa conduite envers moi? Cessez de me parler de cet homme, s'écriait-il devant les voisins... Il ne pouvait dissimuler la haine qu'il m'avait vouée, ses intentions hostiles à sa majorité et l'horreur qu'il avait conçue contre mes créanciers... il osa dire, en présence d'Armand Saults dit Nochou, de Raymond dit Couleau, d'Angélique Gautria, du manœuvre qui loge chez moi à Listrac et de plusieurs autres, tous existants, qu'il m'empoisonnerait plutôt que de me voir leur donner la moindre chose. (Lett. n° 15, 16, 17... 2° liasse.)

J'appris ces cruels détails avec douleur et je crus encore devoir user de ménagements envers un jeune homme dont les premiers écarts pouvaient conduire à de plus grands... je me trompai peut-être... et chaque jour, il devint plus impérieux...

Cependant ma correspondance ne se ralentissait pas avec Paris, mes créanciers, Bordeaux et mon fils... de toutes parts, on me demandait de l'argent, et la prise de possession du nouvel installé dans mes biens, m'ôtait tout espoir de recevoir mes revenus... C'était le but que mon fils voulait atteindre, ainsi qu'il s'en était expliqué à son arrivée : je me trouvai donc dans le plus grand embarras... quelques créanciers me poursuivirent... et il fallait arrêter leurs coups. J'empruntai à Coutances quelques modiques sommes, et au retour des vacances, je retournai à Hailles... Le voyage prémédité à Amsterdam n'eut pas lieu, et pendant mon court séjour en Picardie, je fus sans cesse harcelé pour m'arracher la promesse de faire cession de mes biens à mon fils et banqueroute à mes créanciers... tel avait toujours été le cri, dans tous les temps, de la famille d'Arlincourt; mais tout autre fut toujours le mien... mon voyage n'eut donc aucun succès.

A mon retour, je trouvai la cour prévôtale saisie d'un grand procès... deux douaniers avaient été tués sur un grand chemin et dans l'exercice de leurs fonctions, par des contrebandiers... j'instruisis ce procès qui eut pour moi des suites pénibles.

J'avais reçu chez moi, un nommé *Pérée*, originaire des environs de Toulouse en Languedoc : il sut capter ma confiance... je le regardais comme un fidèle serviteur ; il pénétra mes besoins, qu'il voulut faire servir à me perdre, et en partie mes secrets qu'il a constamment trahis... La femme de cet homme abominable était native du pays dans lequel s'était commis l'assassinat des douaniers... Les parents et amis des prévenus s'adressèrent à lui... Il voyait mes besoins, offrit de me procurer des fonds et m'en procura en effet... J'ignorais que les prêteurs fussent ceux qui s'intéressaient aux prévenus contre lesquels j'instruisais, et bientôt par des soins de Pérée, ces emprunts réels furent des cadeaux de corruption...

Cette odieuse calomnie se répandait sourdement et à mon insu... cependant j'instruisais cette affaire... j'y apportai tout le zèle et l'intégrité qu'on a le droit d'exiger d'un magistrat : plus de soixante témoins furent entendus... cette affaire enlevée à la cour prévôtale, obtint, à la cour d'assises devant laquelle fut jugée la prévention, et sur mes conclusions, l'issue qu'attendait la loi... ainsi, je confondis la calomnie : je fus vengé de l'animosité de quelques malveillants et je triomphai encore de mes ennemis.

Dans cet intervalle, le seul de Paris ne m'oublia pas, mais les autres créanciers me donnèrent un peu de répit. La conduite de mon fils ne pouvait qu'augmenter mes inquiétudes; car, si dans ses lettres des 12 octobre, 5, 20, 25 novembre, 3, 9 et 27 décembre 1816 (nᵒˢ 18, 19, 20, 21, 22 et 23... 2ᵉ liasse), en m'accusant la réception de deux nouveaux envois d'effets, il m'entretenait de rapprochement pour nos intérêts et de sacrifices de sa part, il ne me laissait pas ignorer son amour pour la fille de M. Hostin, mon voisin de campagne... il avait été un de mes compagnons d'enfance; mais ses goûts, ses relations, ses principes opposés aux miens nous avaient rendus étrangers l'un à l'autre... l'amour de mon fils devait être bien accueilli, parce que M. Hostin trouvait l'occasion favorable de s'insinuer dans mes affaires et de se venger de moi, en devenant le beau-père et le conseil d'un fils qui paraissait disposé à abandonner un père et devoir être bientôt ensemble en opposition d'intérêts.

Il savait que j'aurais peine à consentir à une union avec sa fille, à laquelle il ne pouvait rien donner, tandis qu'un mariage avantageux de mon fils pouvait, seul, faire cesser l'embarras de mes affaires qui lui était connu. Aussi, pour réussir dans son projet, eut-il soin d'aiguiser l'amour du fils et de capter sa confiance... il y réussit... je ne fus pas écouté pour notre malheur, et toute l'année

1817 se passa, de part et d'autre, en correspondance parfaitement inutile.

Le mois de septembre venu, je me rendis à Bordeaux... mon fils, instruit de mon arrivée, avait déjà vendu la récolte de vin nouvellement recueilli. Je ne trouvai que les quatre murs, tout était pris : défenses même avaient été faites à mes métayers et fermiers de me rien livrer, de me rien compter... Je m'entendis à cet égard, avec M. Cosse, subrogé tuteur. Je fus sur le point de prendre un parti extrême, de m'adresser à M. le procureur du roi : mon fils était encore mineur : il agissait sans pouvoirs... je préférai, peut-être à tort, mais j'étais père, de continuer les voies de douceur et de tout attendre de ma persévérance. Mes remontrances, mes entretiens furent inutiles. Enhardi par mes bontés, conseillé par M. Hostin, qui avait plaidé contre sa mère, contre ses frères, mon fils devint intraitable et se laissa diriger dans les mesures hostiles contre son père... je me contentai de voir mon homme d'affaires que mon fils haïssait, qu'il menaçait de tuer, parce que cet ancien serviteur m'était attaché... je levai à Bordeaux le testament de mon épouse... je fus à la *Teste*, j'y vis Villeneuve-Pelinot : je l'attaquai devant le juge de paix du lieu, je pris le verbal de non conciliation, je chargeai M. Cosse de suivre cette affaire en règlement d'un compte d'intérêts à $1\frac{1}{2}$ pour $\frac{0}{0}$ par mois : j'ignore la cause qui en retarda la conclusion ; mais aujourd'hui même, et depuis la jouissance de mon fils, cet homme n'est pas encore expulsé.

Je partis de Bordeaux le 1er novembre, sans avoir rien terminé. Le grand désir de réunion émis par mon fils, dans sa correspondance, s'était changé

en vociférations, en emportements, en visites infructueuses. Cependant, dans la crainte de mes
mesures judiciaires, il m'avait remis une partie
du montant du prix de vente de la récolte de vin
de la présente année ; sans autres fonds, je me rendis à Paris.

L'affaire de la succession était sur le point de se
terminer , je m'occupai sérieusement de celle du
gouvernement dont je voulais obtenir la conclusion définitive.

Au moyen des versements faits par les Srs Brunet
et Boucherot à mon acquit, d'après le texte de l'arrêt
et en conformité des promesses du ministre d'alors,
je devais être libéré ; je n'avais pas même touché les
10,000 francs de dommages-intérêts qui m'avaient
personnellement été adjugés. Je fis plusieurs pétitions, mémoires, observations précises. J'eus des
audiences du ministre des finances, alors le comte
Corvetto ; enfin, par mode de compensation et de
transaction, j'obtins deux ordonnances royales :
la première du mois de février 1818 m'avait accordé, ainsi qu'au sieur Fagedet (sauf à nous entendre ensemble), une somme de trente-neuf mille et
quelques cents francs, pour nos frais dans les procès les sieurs Brunet et Boucherot : la seconde ordonnance, en date du 3 juin suivant, m'établissait
débiteur à nouveau d'une somme de vingt mille
francs, payable, avec intérêts, dans le délai de
deux ans.

Le baron d'Arlincourt me demandait également
un règlement de ses avances à mon fils et des arrérages de quinze cents francs que j'avois promis de
lui faire... Je passai à M. le baron, pour ces deux
articles, un contrat de 7,145 fr., le 20 juin 1818,
devant Dunays, notaire à Paris.

A la même époque , et sur le cautionnement de M. Gracien , le baron d'Arlincourt me prêta 1,500 fr. Cette somme, que je dus aux soins de M. Gracien, et qu'il a remboursée , me mit à même de quitter Paris. On criait contre ma longue absence. Je conjurai l'orage. Le ministre des finances avait parlé en ma faveur à son confrère celui de la justice, et me l'avait rendu favorable. Il ne consentit point à la retenue de mes appointements , demandée par M. le procureur général Goupil de Préfeln , et j'obtins tous les arrérages échus à mon arrivée à Coutances.

Je n'y fus point inquiété par mes créanciers ; j'entretins une correspondance suivie avec madame de Claustre, M. Gracien et avec Bordeaux, jusqu'aux vacances de 1818. Alors s'ouvrit pour moi un nouvel ordre de choses, qui exigea de nouveaux déplacements , de nouveaux voyages et de nouveaux sacrifices.

CHAPITRE QUATRIÈME.

Clôture de la liquidation de la succession d'Arlincourt. — Quotité du cinquième revenant à mon fils. — Opposition des créanciers, négociations avec eux. — Dépôt à la caisse d'amortissement. — Règlement final avec le sieur Fagedet. — Projet de main-levée, voyage à ce sujet, entrevue. — Somme retirée de la caisse. — Son partage. — Conduite de MM. Dunays et Gracien. — Procédés de MM. d'Arlincourt et Boucher. — Paiement par M. Mure à M. de Beut et à madame l'Epinay. — Sa subrogation à leurs droits. — Nouvelles avances de M. Gracien ; mode d'arrangement avec lui. — Entraves et empéchement du sieur Fagedet à la liquidation des droits communs en vertu de l'ordonnance. — Ses prétentions. — Conduite du fils. — Majorité.

La liquidation de la succession d'Arlincourt était clause. 44,190 fr., y compris les intérêts, revenaient au fils pour son cinquième... Plusieurs de mes créanciers et certains porteurs de titres sur mon fils, par suite d'autorisations d'emprunts, avaient fait opposition aux mains du baron d'Arlincourt, adjudicataire des immeubles et détenteur du prix de leur vente. Ce dernier avait déposé à la caisse d'amortissement le montant du cinquième. Il fallait prendre un parti. Les oppositions excédaient du double la somme déposée.

Je me rendis encore à Paris pour en finir définitivement... Je fis d'abord un contrat de 12,000 fr. au sieur Fagedet, le 25 septembre 1818, pour règlement de tous mes comptes avec lui, mais en mon nom seul... Ensuite on jugea nécessaire de faire lever les oppositions pour désintéresser certains créanciers sérieux.

Ces créanciers offraient de faire de fortes remises... Certains menaçaient ma liberté. On était sûr, avec la somme de 44,190 fr. déposée, d'éteindre près de 100,000 fr. de dettes... Il fallait profiter de l'occasion : il n'y avait pas un seul instant à perdre.

D'ailleurs, en éteignant beaucoup de créances, avec la somme déposée, je ne croyais faire aucun tort à mon fils, puisqu'il aurait eu son recours pour cette somme sur mes biens, et que leur suffisance, ainsi que la priorité de ses droits, lui garantissait l'intégralité de ses reprises.

On négocia donc avec tous les opposants... On convint du mode de répartition définitive entre eux, et je me trouvai n'avoir rien à toucher personnellement en résultat... On convint également avec M. Mure qu'il désintéresserait, de ses deniers, la dame de l'Epinay. Elle le subrogea jusqu'à la concurrence d'une somme de cinq mille francs dans ses droits sur la forêt... Il désintéressa encore le sieur de Beut, créancier, en nom utile, du fils, jusqu'à la concurrence d'une autre de cinq mille fr., et fut également substitué par lui dans ses droits.

M. le général Dulong agit de même et acquitta la dame de l'Épinay pour 2,500 francs avec autre subrogation d'elle, et, par ce moyen, cette dame se trouva payée.

Ainsi madame l'Épinay ne toucha rien de la caisse, mais bien de ses deux créanciers, MM. Mure et Dulong... Les deux contrats de cession passés chez Dunays portent l'exhibition de l'argent payé comptant à la vue du notaire et par ses deux créanciers... Du reste quelles que puissent avoir été, soit la déclaration postérieure de la dame de l'Épinay, soit celle que j'aurais pu donner sur le fait, par suite de la violence, je dois observer que l'exposition que j'en fais ici, est la seule exacte et conforme à la vérité.

Le sieur Girard fut plus difficile à désintéresser. Son contrat de 17,000 francs du 15 juin 1814, celui du gain de survie de 20,000 francs à lui rétrocédé par le sieur Nègre, étaient sur le fils... il consentit à recevoir 12,000 francs à la caisse et le surplus en engagement de M. Gracien père, qui devint son débiteur et qui l'est encore... Depuis cette époque, jusqu'à ce jour, M. Gracien a servi une rente de 500 fr. pour le sieur Girard... il a compensé des sommes qu'il avait sur lui et il se trouve le légitime créancier du père, même du fils, puisque la créance du gain de survie, transportée à Girard était une dette de la succession de mon épouse... On peut évaluer à 10,000 fr. en capital ce que M. Gracien a payé au sieur Girard, avec lequel il

fit alors un traité particulier... il était également
dû à M. Gracien les 1,500 fr. par lui remboursés
au Baron d'Arlincourt, une autre somme de 1,000 fr.,
par lui de nouveau cautionnée et acquittée pour
mon compte. Ainsi la créance totale de M. Gracien est sacrée, sous tous les rapports, pour le père
comme pour le fils.

La conduite du notaire Dunays ne fut pas moins
délicate et désintéressée... Il se prêta à tout, fournit aux frais de voyage en Bourgogne et à Mont-
Didier qu'exigeaient les arrangements convenus avec
les créanciers opposants, fit des démarches pour accord amiable avec le Baron d'Arlincourt, son client,
vu que, par suite des rapports de mon fils, de ses
communications à son oncle de mes lettres confi-
dentielles, il en était résulté entre nous une rupture qui dure encore et dont j'ignore le vrai motif.

Au moment de toucher à la caisse, M. Boucher,
avoué du Baron d'Arlincourt qui avait figuré pour
son client dans toutes les opérations de l'hérédité
et du dépôt, me déclara, ainsi qu'à M. Gracien,
que mon beau-frère exigeait trois mille francs à
compte des 7,145 fr., dûs par contrat du 20 juin
1818, sans quoi il allait faire opposition... Il fallut
y consentir; M. Boucher toucha les trois mille
francs pour le Baron d'Arlincourt, qui, à ce prix,
déserta la cause de son neveu. La quittance de
cette somme est encore à expédier; mais M. Boucher n'aura sans doute pas oublié qu'il l'a reçue...
Au surplus, MM. Mure, Dulong, Gracien, les
représentants l'Épinay et autres, témoins de ce
fait, pourraient l'attester au besoin.

Quant à moi, je fus obligé ce jour-là même, pour
vivre, d'emprunter à M. Gracien une somme de
vingt-cinq francs à ajouter à plusieurs autres de ce

genre, qu'il m'avait, en détail et successivement, remis.

Je réglai alors avec M. Gracien... On lui fit le transport des obligations dont M. Mure était porteur, et M. Gracien se trouva rempli de tout ce qui lui était dû.

Après cet acte de justice, j'aurais eu quelques secours personnels, si dans ce temps, j'avais pu terminer avec M. Fagedet au sujet de notre quote-part respective dans l'ordonnance royale du mois de février 1818. Nous avions fixé, par le contrat du 25 septembre tout ce que je pouvais lui devoir, ma portion dans l'ordonnance était donc liquide ; mais elle devait être nulle, pour moi, comme on le verra dans la suite.

Cependant le fils, dans sa correspondance active, louvoyait toujours avec moi, ou refusait mes propositions. Son oncle l'instruisait de tout... Néanmoins la somme déposée à la caisse d'amortissement fut retirée, partagée, ainsi qu'on l'a établi : ce fut le dernier acte de ma tutelle... L'époque de la majorité de mon fils étant survenue, arriva aussi celle de lui rendre compte de cette même tutelle, qui avait été des plus orageuses pour le père et pour le fils.

CHAPITRE CINQUIÈME.

Premier projet de reddition du compte de tutelle, en mars 1819, déposé chez le notaire Dunays. — Plaintes sur l'absence de l'auteur. — Retour à Coutances — Continuation de liaison avec la famille Cheverue. — Assignation donnée au fils. — Premier voyage du sieur Guesney à Paris, autre incognito de l'auteur; second voyage du sieur Guesney et trois du sieur Perée. — Envoi du sieur Hamelin à Paris et à Bordeaux ; violence du fils contre lui. — Poursuite du Trésor. — Orage à Coutances, sa cause, ses suites et ses effets. — Rupture avec la famille de Cheverue. — Congé et départ.

Dès le mois de mars 1819, je m'occupai de la reddition de compte de ma tutelle. Je le dressai de concert avec M. Gracien, il s'élevait à un résidu de 40,000 fr. et fut déposé chez le notaire Dunays à Paris, parce que la succession de mon épouse et la tutelle de mon fils y avaient été ouvertes... Mon fils fut prévenu : j'attendis les débats qu'il pourrait apporter à ce compte.

Cependant des plaintes fondées en droit étaient portées sur mes fréquentes absences. Des menaces de la perte de ma place en étaient la suite... Quelques-uns de mes collègues partageaient, contre moi, la haine invétérée du président du tribunal. Mon opinion politique en était le motif et le dérangement de mes affaires le prétexte. On cherchait à me noircir dans l'esprit de mes supérieurs, à me faire perdre la considération publique par des calomnies.

Pour faire taire mes ennemis, je revins à Coutances et m'y livrai très-assidûment à mes fonctions... Les honnêtes gens m'estimaient, me reco-

vaient avec plaisir dans leur société et je la fré-
quentais peu... Mes liaisons avec les familles de
Boisval et de Cheverue devinrent plus intimes,
surtout avec la dernière... Un petit évènement me
fit connaître toute la bonne volonté qui l'animait
en ma faveur... Je sus en profiter... Je m'expli-
quai... On m'agréa... Le choix fut confirmé... Un
délai d'un an fut fixé... Les paroles d'honneur furent réciproquement données.

A une naissance distinguée, à un âge très-rap-
proché du mien, mademoiselle de Cheverue joi-
gnait les qualités du cœur, l'espérance d'une
fortune honnête pour la province... Les débris de
la mienne, le plan que j'avais déjà conçu d'une
exploitation de nos bois de la Teste de Busch,
mon état, tout semblait concourir à l'exécution
d'un projet qui m'aurait donné le repos, l'aisance,
et toute la considération que je croyais mériter :
j'espérais mettre une fin honorable à mes vicissitu-
des, et je remerciais la Providence de l'heureux
avenir qu'elle semblait me préparer.

J'étais encore dans les illusions de ce songe
agréable, lorsque arriva à Coutances le sieur Bernard, muni de l'ordre impératif aux huissiers
émané du procureur général, de déployer toute la
rigueur de la loi.

Il trouva appui dans un parti auquel il était
affilié... Par ses démarches, par ses propos, il di-
minua la considération dont je jouissais et le crédit
que j'avais acquis... Pour faire cesser ses poursuites, il fallait de l'argent, et je n'en avais pas...
Madame de Cheverue, séparée de biens de son
mari, et mademoiselle de Cheverue, voulurent bien
venir à mon secours... Elles s'obligèrent, à l'insu
du Marquis de Cheverue... Je donnai 2,000 francs

à Bernard... Il me donna un délai d'un an, et partit...

Le service, que je venais de recevoir a laissé dans mon cœur un souvenir ineffaçable et éternel, que les malheurs inattendus qui me sont survenus ensuite ne m'ont pas permis de reconnaître, et que le devoir me commande de ne jamais oublier... Quoi qu'il en soit, j'eus le repos pour l'instant : je repris mes fonctions et je commençai de suite l'exécution du projet formé pour ma libération définitive.

J'avais fait assigner mon fils, sous la date du 5 février, à comparaître, en conciliation devant le juge de paix du 4° arrondissement de Paris, sur mes demandes résultantes du testament de sa mère, de mon contrat de mariage et pour l'examen du compte de tutelle que j'avais déposé.

Mon fils ne comparut pas, ni personne pour lui. Cela fut très-malheureux ; car les débats s'ouvrant à Paris, eussent pu être promptement et amiablement terminés... Le refus de M. Fagedet de régler sur l'ordonnance, la ténacité du Trésor, le silence de mon fils, le défaut de sa présence à Paris, tout cet ensemble formait des obstacles presque invincibles et des difficultés qui paraissaient s'opposer à un succès, malgré les soins de M. Guesney, avocat de Coutances, qui avait bien voulu se rendre à Paris dans mes intérêts, et malgré ma présence à Paris, où je m'étais rendu incognito.

Un second voyage de M. Guesney, trois autres du sieur Perée, un septième de la même année de M. Hamelin, avoué à Coutances, furent tous infructueux... Ce dernier ne put rien obtenir de mon fils ; il usa même de violence envers mon envoyé ; parla de ses armes, de ses intentions de s'en servir ; accompagna ses extravagances de menaces, de discours les plus injurieux pour son père, et refusa toutes propositions d'arrangements avec une obstination incroyable... La correspondance de M. Hamelin, qui vit encore, et notamment sa lettre du 4 octobre 1820, suffiront au besoin pour confirmer la vérité de mon récit.

Les dames de Cheverue avaient fourni aux frais de tous ces voyages, dont le peu de succès fit éclater l'orage qui grondait à Coutances sur ma tête.

Le président Gonfrey instruit de toutes mes démarches, par Perée, agissait contre moi, avait prévenu confidentiellement M. le premier président de la cour royale de Caen et M. de Cheverue... On me dépeignit aux yeux de ce vieillard, plein d'honneur, comme un aventurier, comme un séducteur, comme un escroc qui avait abusé de sa bonne foi et de celle de sa famille.

Ces calomnieuses confidences amenèrent, par degrés, la plus vive explosion : on joignit aux engagements non échus des dames de Cheverue, et dans lesquels mon nom ne figurait pas, mes autres petits emprunts à Coutances, tout ce dont la cronique scandaleuse pouvait me charger, et l'on força le marquis de Cheverue à faire un éclat qui, en me perdant, pouvait perdre son épouse et sa fille.

Rien ne fut par eux calculé : j'étais seul contre tous : je pouvais nier les engagements que je n'avais pas endossés ; je devins mon propre accusateur et mon juge... J'avouai que les engagements m'avaient fructifié ; je déclarai la quotité des sommes plus élevées que celle par moi reçue... J'en donnai mes acceptations d'honneur au mar-

quis de Cheverue , sans répondre à ses emportements, à ses menaces, et sans lui reprocher mes
services.

L'agent du Trésor m'avait déjà fait donner un
commandement en expropriation : cette circonstance devait faire activer mon fils à Bordeaux...
Je me décidai à m'y rendre, en passant par Paris.
En conséquence muni d'un congé de mes supérieurs, après avoir fait mes adieux à la respectable
marquise de Cheverue , malgré ma rupture avec
tous les siens, je partis de Coutances sur la fin du
mois de décembre 1820 , accompagné du sieur
Perée, que je croyais fidèle , mais qui avait cessé
de l'être ; plein de regret du présent, et conser-
vant encore quelque espérance pour l'avenir.

CHAPITRE SIXIEME.

*Passage par Paris , arrivée à Bordeaux , choix du sieur
Lasserre pour avoué. — Remise qui lui fut faite des titres.
— Second compte de tutelle sur les errements du premier.
—Transaction en présence du sieur Hostin, signée de toutes
les parties. — Voyage à la Teste et à Listrac avec M. Nonlabade et de M. le chevalier de Pienne à Bordeaux et à
Baïonne. — Discussions, cession forcée de l'usufruit au
fils. — Conduite de ce dernier et du sieur Hostin. —Envoi
de Perée à Paris. — Mariage du fils. — Poursuites du
sieur Bernard. — Mesures de sûreté. — Réunions dudit
Bernard , du fils et du sieur Hostin. — Entrevues fréquentes chez le sieur Sicard, notaire. — Négociations ,
menaces, correspondances à Coutances.—Condamnation
par corps et par défaut.*

J'avais eu déjà lieu de me plaindre de Pérée ;
mais j'étais loin de croire qu'il fût l'auteur de la
soustraction de papiers précieux qui me manquè-
ront alors, notamment le dossier et les reçus du

sieur Bernard, les lettres du sieur Séveri, ancien maire de Tourville, près Coutances. Avant de me suivre, Perée exigea de moi une acceptation en blanc de 3,000 fr. à titre d'indemnité. J'eus la faiblesse d'y consensir... Nous passâmes à Paris, j'y vis MM. de Saint-André, Gracien, Le Marquière utilement employé par M. Guesney, et le Chevalier de Pienne... Ce dernier avait négocié avec l'agent du Trésor et le ministre des finances, pour une réduction dans mon débet que j'ai obtenue plus tard.

M. de Pienne se chargea de faire accepter à la marine un certain nombre de pieds d'arbres de ma forêt et de se rendre à Bordeaux. Je quittai Paris et j'eus pour compagnon de voyage M. Nonlabade, auquel je parlai de mes bois et que je vis, ainsi que son frère, MM. Cosse et Lassère, à mon arrivée. Ce dernier, chargé de mes affaires par M. Hamelin, fut saisi par moi de mes vieux papiers de famille dont il est encore nanti, et fut revêtu de toute ma confiance.

Dans les premiers jours de janvier, en présence du sieur Hostin et par accord entre mon fils et moi, M. l'avoué Lasserre dressa sur les erremens du premier compte de tutelle un second compte, qui, après dépôt de pièces à l'appui et l'observation des interstices légaux, fut signé de mon fils et de moi... Une transaction s'en suivit; mon fils m'y cédait tous ses droits, me donnait quittance définitive, me laissait la propriété de tous les immeubles, y compris la forêt, moyennant une somme de 40,000 fr. pour le paiement de laquelle il fut stipulé un délai.

Je fus visiter la forêt avec MM. Nonlabade, Lasserre, Perée et de Pienne, arrivés de Paris.

Les arbres pins, quoique très-beaux, furent reconnus ne pouvoir servir à la marine. Cependant cette décision fut subordonnée à celle du commissaire résidant à Baïonne, où se rendirent MM. de Pienne et Nonlabade. Le refus leur fut confirmé, et l'on se décida à une exploitation particulière. Quelques droits d'usagers s'y opposaient; M. Lasserre négocia, et obtint la promesse de toute permission pour exploiter.

On négocia aussi avec le sieur Villeneuve-Pelinot, usufruitier de la forêt, il fut assigné à la requête du fils en règlement de compte et de dépossession de sa jouissance... M. de Pienne retourna à Paris, et son voyage fut pour moi infructueux.

De la Teste, M. Nonlabade et moi fûmes à Listrac, accompagnés de Perée... Une discussion orageuse s'éleva entre nous, mon fils et le sieur Hostin. J'ai lieu de croire que Perée donna à ces derniers de perfides conseils... D'après la signature de la transaction, on ne pouvait me tracasser que sur l'usufruit. Je cédai le revenu de mes biens jusqu'à la concurrence du capital de 40,000 fr. par moi reconnu dans la transaction.

Les scènes les plus indécentes, les menaces les plus violentes du fils précédèrent cet acte sous seing-privé, qui me fut arraché par l'importunité, par violence et par la certitude d'un procès à ce sujet. A l'occasion de mon dépouillement, par suite de cet abandon forcé, le sieur Hostin répondit à M. Nonlabade : « Le père a sa place; qu'il ait » d'ailleurs ce qu'il voudra, qu'il existe ou qu'il » n'existe pas, peu importe, pourvu que le fils » soit nanti. » MM. Nonlabade, Perée, tous mes domestiques pourraient servir de témoins sur tous ce que je viens de raconter.

Quelques jours après , mon fils voulut avoir mon consentement à son mariage , avec la fille de M. Hostin , à laquelle il ne donnait rien... Malgré mes observations, mon fils persista ; j'assistai à son contrat de mariage, j'y discutai ses intérêts en bon père... Quelques larmes, des excuses sur ses torts me prouvèrent que les sentiments de la nature n'étaient pas encore éteints dans le cœur de mon fils ; je donnai donc forcément, pour un bien de paix et par mesure de prudence, mon consentement à ce mariage auquel je refusai d'assister.

D'après la transaction, avec mon fils, j'avais envoyé à Paris Perée pour tenter un arrangement avec mes créanciers, sous la direction de MM. Fagedet, Gracien et de Pienne. Ce voyage fut encore inutile.

Dans le même temps, M. Bernard, qui avait découvert ma demeure à Bordeaux et qui s'entendait avec mon fils et M. Hostin , me fit les scènes les plus cruelles, me poursuivit à toute outrance, menaça ma liberté, afin que la crainte et le besoin me déterminassent à un nouvel arrangement avec mon fils, qui ne voulait plus du premier.

J'avais essayé de vendre mes biens à l'adjudication, par le ministère du notaire Siccard, et les conseils de MM. Lupé Desjardins, juge suppléant, et Lasserre, avoué. Par complaisance pour son épouse, et à cause du voisinage de sa famille, mon fils prenait, déjà, toutes les mesures contre mes intérêts, contre ma liberté, contre mes jours, pour me forcer, à tout prix, à lui rétrocéder mes biens qu'il m'avait abandonnés.

Des entrevues fréquentes, des négociations inutiles avaient lieu chez MM. Siccard, Desjardins et Lasserre avec MM. Bernard, Hostin, mon fils

et moi; elles étaient toujours accompagnées de menaces, de violences et de fureur.

Cependant, d'après la balance de mon actif et
de mon passif, et la certitude du succès de l'exploitation de la forêt, qui, d'après l'avis général
et celui de M. Nonlabade, pouvait tout sauver, si
elle était bien dirigée, on s'occupa des moyens de
l'effectuer... On s'aboucha avec un particulier du
pays, qui s'engagea de rendre à Bordeaux le bois
exploité pour un prix qui nous laissait encore un
gain raisonnable sur lequel j'aurais acquitté le
fils, Bernard et les créanciers.

On sentait la nécessité de s'entendre avec moi
pour l'acquit de la créance du Trésor qu'on avait
espoir de faire réduire, et on s'en occupa utilement... Je renvoyai alors à Coutances Pérée, qui
était de retour de son inutile voyage à Paris...
J'engageai, à cet effet, ma montre à répétition,
chaîne, clef et cachet en or... Elle a été, depuis, entièrement perdue pour moi.

Dans le même temps, le marquis de Cheverue
s'était entendu avec les banquiers Le Marre, et,
sous leur nom, me poursuivait rigoureusement
à Coutances. Il avait rempli mes acceptations en
blanc, établi dans une requête ma prétendue déconfiture, et demandé comme y ayant urgence, au
tribunal de commerce de Coutances une condamnation contre un juge du tribunal civil du même
lieu... Malgré ma correspondance avec lui, mon
absence et ma conduite, cette condamnation fut obtenue contre moi, par défaut et par corps, pour
tout le montant des traites que j'avais consenties au
marquis de Cheverue; ainsi de toutes parts, en tous
lieux, j'éprouvais l'influence de ma fatale destinée.

CHAPITRE SEPTIÈME.

Arrangement avec le sieur Bernard sous la caution du sieur Hostin et la promesse de la cession au fils: — Débats à ce sujet, éloignement à cette mesure, arrivée de M. Mure à Bordeaux ; négociations du fils, des sieurs Bernard et Hostin avec lui. — Entrevue en présence de MM. Lasserre, Desjardins et Siccard. — Exaspération du fils et ses menaces contre les jours de son père pour obtenir une nouvelle cession. — Départ du sieur Mure, sans résultat.

Les délais sous lesquels devaient s'exécuter ma transaction du mois de janvier précédent étaient expirés : le sieur Bernard avait obtenu de M. Hostin un règlement de paiement, lequel ne devait avoir lieu qu'après la cession de mes biens à mon fils. On me pressait d'en finir... De fréquents voyages de M. Hostin et de son gendre, des débats orageux entre nous avaient toujours lieu sans fruit, et malgré tout ce qu'on pouvait me dire et me conseiller, je ne pouvais me résoudre à faire cette cession si désirée.

Précédemment j'avais fait acheter à M. Nonlabade les droits de mon fils et de sa tante l'Epinay dans un procès contre les acquéreurs des biens de la dame Tahart-Taffart, vendus par elle, au mépris d'une institution contractuelle qui l'en dépouillait. Je destinais ma part promise dans les résultats de ce procès, ainsi que dans les 39,000 fr., ordonnancés et retenus par le sieur Fagedet, à ma libération définitive.

Au milieu de ces débats, presque sanglants, et dans le mois d'août 1821, arriva à Bordeaux M. Mure, créancier du père et du fils. Il venait pour agir hostilement. Je l'en dissuadai, et il convint d'essayer les voies d'arrangements amiables.

Porteur d'un contrat, où l'exhibition des deniers comptés à la vue des notaires était mentionnée, cessionnaire de titres passés en force de chose jugée, et motivés pour soulte d'acquisition de la forêt de la Teste, ce créancier était, après le Trésor, un des plus sérieux du fils... Il eut des entrevues fréquentes avec MM. Hostin, son gendre, Bernard, en présence de MM. Lasserre, Desjardins, Siccard, et chez ces derniers tour-à-tour. On lui fit des propositions de transaction et d'arrangement. Il fut instruit des poursuites de Bernard contre moi ; on lui parla de la forêt, de son exploitation. Il s'informa très-exactement de tout ce qui pouvait y avoir rapport, et se convainquit de la possibilité de ses heureux résultats. Il fut également visiter les deux domaines de Médoc et la maison de la rue du Loup.

Dans les entrevues et les discussions, où mille propos, mille injures m'étaient prodigués, sans oublier M. Mure et la prétendue légalité de sa créance, mon fils continuait ses exaspérations. Son caractère violent ne connaissait plus de bornes ; il m'accusait de toute espèce de délits : ma résistance accroissait son incroyable irascibilité ; il me menaçait inconsidérément, et à un tel point, qu'un jour, en présence de toutes les parties, il se permit de dire qu'il finirait par me brûler la cervelle, si je n'en finissais, pas avec lui, par une cession totale de mes biens en sa faveur. Cet atroce propos eut pour témoins MM. Mure et Bernard, Desjardins, Lasserre et Hostin. Ce dernier en fit alors publiquement des reproches à son gendre. Il l'a avoué depuis à Paris à la dame Cariot de la Harderie, en lui ajoutant pour tâcher d'excuser un tel propos, que mon fils ne l'avait tenu que pour rire... Perée, madame Warlet de Saint-Marceau, MM. le marquis de Grimaudet, le comte de La borge ont eu également connaissance de ce fait malheureusement incontestable.

Dans la certitude d'une prompte exploitation de la forêt, M. Mure convint avec M. Hostin du délai dans lequel le paiement d'une somme de 9,000 fr. devait lui être fait pour son acquit définitif à Paris. Il exhorta M. Bernard à me donner du repos; mon fils et son beau-père à de bons procédés; moi personnellement à la patience, à me méfier de ma faiblesse, et il revint dans ses foyers.

Dans le même temps M. Bernard se disposait à retourner en Normandie. Il me promit de me tenir au courant de tout ce qui aurait été fait ou pourrait encore se faire contre moi à Coutances, et partit assez bien disposé en apparence à me rendre service.

Quant à moi, je restai seul, disposé à tout faire pour obtenir une fin quelconque, pour me mettre à même de solder le Gouvernement et la famille de Cheverue, afin de conserver ma place, à laquelle je devais tenir plus que jamais.

CHAPITRE HUITIÈME.

Vente de la maison de la rue du Cahernau, d'accord avec le fils pour l'acquit du Trésor. — Vins confiés par madame de Lusignan. — Vente à la même sous signature privée de la maison de la rue du Loup. — Pot-de-vin de 500 fr. partagé avec le sieur Hostin. — Continuation des poursuites et démarches pour la cession. — Troisième compte de tutelle. Par suite première cession, le tout sous seing-privé, rédigé par et chez M. Siccard, notaire, en présence de MM. de Lasserre et Desjardins. — Mention de la vente à madame de Lusignan : connaissances à cet égard des sieurs Hostin et Siccard. — Réserve faite par un deuxième acte du même jour que la cession et sous seing-privé. — Somme de 1000 fr., donnée par M. Hostin. — Promesse du paiement des dettes et d'une pension alimentaire. — Remises au banquier Fonsecq de la reconnaissance du Mont-de-Piété de la montre en or. — Engagement de sa part de la retirer et de la tenir à la disposition de l'auteur. — Sa procuration au sieur Lasserre.— Départ pour Coutances.

Je m'étais sérieusement occupé de la vente à mon locataire d'une de mes maisons pour l'acquit du Trésor. Certain de la posséder, il fournit d'avance tous les fonds nécessaires à l'acquittement de cette créance privilégiée.

A cette époque également, une dame Lusignan, née Terrible, séparée de son mari, me confia des vins vieux en bouteilles, pour lui en procurer la vente en Normandie... D'accord avec elle, j'expédiai ces vins à Granville, à l'adresse du sieur Bernard par crainte de mes créanciers et d'une saisie ou opposition de leur part...J'étais loin de penser que, d'après l'arrangement fait avec M. Hostin, le sieur Bernard pût s'approprier des vins qu'il savait ne pas m'appartenir... Ces vins furent donc expédiés

8.

à son nom... Je réglai avec la dame Lusignan, qui me fixa leur prix à 2,200 fr.

Peu de temps après, je vendis à la même, sous signature-privée, la maison de la rue du Loup... Elle me compta un pot-de-vin de 500 fr., dont je donnai la moitié à M. Hostin... Il me dit, en la recevant, qu'elle servirait à aider aux frais d'un voyage à Paris qu'il se proposait d'effectuer, prétendait-il, dans l'intérêt commun?

L'acte de cette vente fut rédigé, en double original, par M. Delaville, premier clerc de M. Siccard. MM. Hostin, Lasserre, le notaire Siccard, lui-même, en eurent une parfaite connaissance.

Cependant MM. Hostin, Lasserre, Siccard et Desjardins me pressaient de terminer avec mon fils par une cession. Ils faisaient valoir, pour m'y déterminer, mon intérêt, la conservation de ma fortune sous le nom de mon fils, la facilité de traiter plus avantageusement avec ceux de mes créanciers qui avaient abusé de ma position : on s'appesantissait surtout sur les violences de mon fils dont on ne pouvait répondre des suites pour l'avenir.

Au surplus, une enquête sur le fait, s'il en était nécessaire, confirmerait la vérité de mon récit, tant sur ce point que sur ce qui regarde la dame Lusignan.

On se hâta, en conséquence, de rédiger un troisième compte de tutelle... Il fut terminé au mois de novembre... Son résultat, on ne sait ni comment, ni pourquoi, fut enflé de moitié en sus de celui du mois de janvier arrêté définitivement.

Le premier ne fut porté, comme il devait l'être, toutes justes compensations faites, qu'à 40,000 fr. : le nouveau compte s'éleva à près de 60,000 francs... M. Siccard le rédigea et le copia lui-même, quoi-

qu'il eût eu connaissance du premier... On l'anti-
data, et en présence de MM. Desjardins et Lasserre, rédacteur de celui de janvier précédent ;
on signa, dans la même soirée, ce compte et la première cession sous seing-privé de tous mes biens,
meubles, immeubles et créances... J'observai à ces
messieurs, et surtout au notaire Siccard, qu'ils
savaient *tous* que la maison de la rue du Loup
avait été vendue à la dame Lusignan... Ils promirent d'arranger ce point avec l'intéressée, et
l'on stipula comme devant revenir à mon fils, soit
ladite maison, soit le montant du prix de sa vente...
On comprit dans l'acte de cession le montant de
tous mes droits résultants de mon contrat de mariage et du testament de mon épouse... On signa,
le même jour, un autre acte de réserve pour la
moitié de l'exploitation de la forêt, des rentrées
des biens mal vendus dans la succession Tahart-
Taffart, et de la portion des 39,000 fr. ordonnancés par le Roi... Mon fils s'engagea verbalement à
payer mes dettes, surtout celles par corps, de
Coutances et de la famille de Cheverue... On me
promit une pension alimentaire jusqu'après l'exploitation de la forêt. M. Hostin me fit donner
1000 fr. par le banquier Fonsecq... Je confiai à ce
dernier la reconnaissance, du Mont-de-Piété, de
ma montre, pour, par lui, la retirer et la tenir à
ma disposition. M. Fonsecq retira en effet ma
montre, m'en prévint par sa lettre du 26 janvier
1822, et s'en dessaisit, sans mon ordre, ainsi qu'on
le verra.

L'ennui, la crainte, le besoin, la faiblesse, l'a-
bandon, le desir d'en finir, l'aveuglement, me
forcèrent de consentir à ces actes que je ne puis
justement qualifier... On craignait mes tardives

réflexions... On me pressa de conclure... Je signai donc mon dépouillement complet, illégal et sans cause, et on se sépara, la nuit étant très-avancée.

Je laissai à M. Lasserre le double de ces actes, de la transaction et du compte de tutelle du mois de janvier 1821, une expédition de mon contrat de mariage, un état de mes dettes et autres papiers importants, la reconnaissance par mon fils des pièces et titres à l'appui des comptes de tutelle, ma procuration qui n'a pas encore été par moi révoquée.

Je ne crus point devoir lui en demander un reçu ; j'étais loin de douter alors de la probité de M. Lasserre, homme public... Je devais croire à son honneur, à son zèle pour ses devoirs et mes intérêts... Mais j'ai été depuis convaincu de mon erreur, et je fus bientôt oublié, sacrifié même par cet homme qui devait me défendre, comme par tous ceux qui avaient quelque intérêt à ce qu'il ne restât plus de moi aucun souvenir.

CHAPITRE NEUVIÈME.

Séjour à Granville. — Mesures à Coutances contre l'auteur. Arrivée de plusieurs amis du sieur Bernard. — Saisie des vins de la dame Lusignan. — Retour secret à Coutances. — Appel des jugements par corps. — Voyage à Caen. — Acharnement du président et des juges de Coutances, et même du marquis de Cheverue. — Arrêt qui réforme les condamnations obtenues. — Correspondance. — Refus d'admission par le tribunal. — Citation à la chambre. — Détails. — Causes du refus. — Avanies. — Chagrins. — Poursuites de la dame Lusignan. — Démission conditionnelle. — Départ. — Arrivée à Paris.

Je retournai à Coutances, par la Bretagne... Je m'arrêtai à Granville pour y prendre langue, et me conduire en conséquence.

On avait pris contre moi les mesures les plus déplacées et les plus sévères... Après la signification, à Bordeaux, d'un jugement par défaut et par corps, au profit du sieur Le Marre, j'avais écrit à M. de Cheverue. Je lui avais mandé que le jugement ne pouvait être attribué qu'à lui seul, parce que les Le Marre n'avaient point pris de condamnations contre lui... Je lui rappelai son intérêt à ma conservation, les services que je lui avais rendus à l'égard de M. de Colbert, qui l'avait accusé auprès du Roi, de lui nier le paiement d'une traite de 25,000 fr., l'obtention d'une pension de 1,200 fr. qu'il devait à mes soins, mes démarches pour sa nomination à la place de prévôt, mes travaux comme assesseur, tous gratuits et consacrés à sa décharge... M. de Cheverue avait été insensible à mes dépêches ; il m'avait fait réassigner à mon domicile à Coutances, et, à mon insu, un second jugement en déboutement de mon opposition et confirmatif du premier fut obtenu contre moi.

On donna, par écrit, à l'huissier Mayer l'ordre de m'arrêter, en daté du 11 novembre, jour que j'avais indiqué dans ma lettre à M. de Cheverue, comme devant être rendu à mon poste.

Quelques amis vinrent me trouver à Granville ; ils me confirmèrent l'acharnement contre moi, du président et autres juges de mon tribunal. En présence de ces amis, j'eus une explication sérieuse avec le sieur Bernard, au sujet des vins de la dame Lusignan ; il prétendait les retenir en à-compte sur ce que je lui devais, et, malgré son arrangement avec M. Hostin, malgré sa connaissance de mon traité avec la dame Lusignan, il fallut lui céder les vins au-dessous du prix qu'elle avait fixé.

Le procédé du sieur Bernard, contre lequel je ne pouvais alors me défendre, me devint aussi funeste que les précédents.

Je vis, à Coutances, les sieurs Le Marre... Sur leur refus de mes propositions, je fis appel des jugements obtenus... Plusieurs arrêts interlocutoires furent rendus à Caen pour l'interrogation et l'exhibition des registres des sieurs Le Marre. Sur leur refus, mes prétendues traites furent réputées n'être que simples promesses, et je ne fus plus que débiteur au civil de l'ingrat marquis de Cheverue.

Pendant tous ces démêlés, j'avais inutilement présenté plusieurs pétitions au ministère de la justice... Les dépêches du président et du procureur du Roi de Coutances, des autorités de la cour royale de Caen y avaient fait prendre contre moi des préventions fâcheuses... On fit mes juges de mes accusateurs et de mes ennemis... Sur leurs seuls renseignements, je fus proscrit ; on oublia mes services, ma conduite dans les Cent jours, celle de mes dénonciateurs.

Mon fils et son beau-père m'écrivaient fréquemment : le premier me témoignait ses regrets de n'avoir point de fonds à m'envoyer ; le second m'annonçait son arrivée toujours prochaine à Paris, et me promettait son utile intervention... Madame de Claustre, de son côté, m'invitait à venir la rejoindre, m'assurant une ressource inattendue de fonds.

A mon retour de Caen, je trouvai l'animosité du président et de mes confrères portée à l'extrême : on m'empêcha de siéger ; aux termes du règlement, je fus cité à la chambre du conseil pour donner des détails sur mes affaires, mon actif, mon passif, mes relations avec la famille de Cheveruc.

Je demandai un mois pour donner ma réponse... Pendant ce délai, la dame Lusignan rendit plainte contre moi au procureur du Roi près mon tribunal... Cependant, sur mes observations, elle retira sa plainte, et cette affaire n'eut pas de suite.

Je crus ne devoir point donner les détails demandés, encore moins déposer inutilement mon bilan... Ces détails, d'ailleurs, n'auraient pas empêché les poursuites de mes créanciers, qui eussent toujours servi de prétexte à la demande de ma démission... Je crus surtout que, loin d'instruire tout un tribunal des particularités de ma liaison avec la famille Cheverue, je devais tout faire pour conserver l'honneur de madame et de mademoiselle de Cheverue, qui avaient fait pour moi tous les sacrifices... Mes explications pouvaient être mal interprétées, je me décidai à ne point comparaître, à céder à l'orage : en conséquence, le 2 avril 1822, je donnai ma démission conditionnelle et motivée.

Un mois après, je songeai à mon départ pour Paris, où mes espérances devaient bientôt s'évanouir, où je devais être constamment malheureux, constamment calomnié, constamment trahi. La fatalité de mon destin me fit encore choisir pour compagnon de voyage Perée, que je croyais toujours digne de ma confiance, et nous arrivâmes à Paris dans les premiers jours du mois de mai 1822.

CHAPITRE DIXIÈME.

Entrevue avec madame de Claustre et M. Fagedet. — Arrivée de M. Hostin. — Intrigues. — Trahison du sieur Percé. — Poursuites du sieur de Paris. — Retraite, abandon, dénuement de l'auteur. — Secours intéressés du sieur Hostin. — Ses services apparents et motivés, sa demande en renseignements sur la quotité et nature de chaque créance. — Paiement définitif du Trésor. — Seconde cession forcée par les circonstances et sous des conditions d'honneur. — Renonciation de la dame Dusignan à l'acquisition de la maison de la rue du Loup. — Acquittement du sieur Percé par le sieur Hostin. — Remise à ce dernier d'une lettre de 3,000 fr. acquittée. — Nouvelles promesses du sieur Hostin en présence de témoins. — Son départ. — Voyage sans fruit du sieur Delavigne à Bordeaux.

Je me rendis chez madame de Claustre : sa ressource mystérieuse n'était autre qu'une cession à M. Fagedet de tous nos droits dans l'ordonnance royale, pour une somme de 3 à 4 mille francs.

Ayant besoin de moi pour toucher la somme de 39,000 fr. ordonnancée et qui était nécessaire à sa liquidation particulière, M. Fagedet avait prié madame de Claustre de s'interposer pour m'y faire consentir. Cette dame, sacrifiant notre ancienne amitié aux vues de M. Fagedet, me fit accéder à ses désirs. Il me fit un billet à ordre de la somme qu'il voulait bien me donner. Je le confiai à la dame de Claustre, dont le premier soin fut d'en faire la remise à M. Fagedet, avant de l'avoir soldé.

Cette affaire terminée, madame de Claustre ne parla plus que de mon passage à l'étranger, et employa tous les moyens possibles pour son succès.

À son arrivée à Paris, M. Hostin, auquel j'avais

promis, au nom de mon fils, la moitié de ce qui me reviendrait dans la créance du Trésor à partager avec M. Fagedet, vit avec peine cet arrangement, et ne songea plus qu'à s'en approprier les résultats.

La dame de Claustre, Perée et autres complices cachés, firent alors jouer une intrigue infâme... On s'arrangea avec le sieur de Paris, mon créancier acharné; il vint accompagné de gens de justice chez la dame de Claustre et m'y trouva. Je fus sur le point d'être arrêté; un rendez-vous avec exhibition de ma personne fut fixé pour le surlendemain. Le sieur Hostin arriva à la fin de cette scène : on finit par me chercher une retraite. Je la trouvai telle que je pouvais la désirer... Mais à peine y étais-je en sûreté, qu'on travailla à m'en faire renvoyer, pour me forcer, par ce moyen, à quitter la France et à une banqueroute à tous mes créanciers.

Le sieur Fagedet rassuré par la remise que lui avait faite la dame de Claustre de son billet non acquitté, s'entendit avec les sieurs Hostin et Perée... Il se fit faire des oppositions et cessa ses à-compte... On donna 1,000 fr. à Pérée, 3 à 4 cents francs à d'autres créanciers, une petite somme à mon hôtesse, le reste au sieur Hostin... Je restai sans nulle ressource.

Le sieur de Paris, sous prétexte de s'emparer de ma personne, fit faire une visite judiciaire chez la dame de Claustre, visite inutile, puisque je ne logeais point chez elle, parce qu'on ne vint point à mon domicile que j'avais occupé jusqu'à ma retraite, et que connaissait parfaitement le sieur de Paris; mais la dame de Claustre avait voulu sauver les apparences.

La tactique du sieur Hostin était alors de me

priver de ma liberté, en me faisant entendre que
je payerais ainsi mes créanciers, en parlant du sort
avantageux que j'aurais à Sainte-Pélagie, des secours que j'y recevrais de ma famille, puisque je
ne voulais pas consentir à mon exil à l'étranger.
Il travaillait, en même temps, à me perdre de réputation dans l'esprit de mes parents, de mes amis,
des ministres, de mes protecteurs, pour faire rever-
ser leur intérêt sur mon fils et lui.

Néanmoins, comme je lui étais encore nécessaire
pour des signatures, des renseignements, des connaissances, il me faisait passer quelques secours, en
ne cessant de me décrier journellement auprès de
mon hôtesse.

Le sieur Hostin me demanda alors des renseignements sur la quotité et la nature de chacune de
mes dettes pour en opérer, disait-il, la liquidation.
Pour lui complaire, je me vis alors forcé de lui donner
des notes peu exactes et conformes à ses projets.
Mais à tort voudrait-on arguer aujourd'hui de ces
notes informes, sans date certaine et que je désavoue,
parce que je dois à la vérité et à ma conscience la
rétractation que j'en fais ici.

Au milieu de ces basses intrigues, je m'occupais
de la créance du Trésor. On négocia, et par l'entre-
mise de M. le Comte Molien, on reçut 12,000 fr.
pour ma quittance définitive, et l'on substitua, jusqu'à due concurrence, dans les droits du Trésor,
le sieur Lafont de Bordeaux, qui versa cette somme
pour mon compte.

La cession de novembre 1821 était surannée. Un
double droit était devenu exigible, faute d'avoir
été enregistré dans le délai. Cette cession était,
par conséquent, de nulle valeur; mais, toujours
fidèle à son système, le sieur Hostin avait l'art de
paraître vouloir tout me rétrocéder.

Je lui fis alors connaître le sieur Carruel, de Normandie, qui s'occupait de me procurer les moyens d'exploiter la forêt de la Teste.

Ce dernier nous conduisit chez M. de la Vigne, qui, après les longs débats qui eurent lieu en sa présence, me conseilla de m'arranger avec M. Hostin, agissant pour mon fils... Il me fut promis pension, acquit de mes créances, secours pour nourriture et logement... Le sieur de la Vigne devait acquitter le tout pour et au nom de mon fils... Il acquérait la forêt... devait en faire l'exploitation... Il fut sur les lieux, et fut contraint de renoncer à cette entreprise.

M. Hostin, avant le départ de M. de la Vigne pour Bordeaux, avait réglé avec mon hôtesse et promis de la désintéresser de toutes ses avances.

Sous ces conditions sacrées, et forcé par les circonstances d'acheter des secours alimentaires, je renouvelai, à la fin d'avril 1823, cette cession du mois de novembre 1821, parce qu'on subordonnait l'obtention de moyens d'existence à ce renouvellement.

La maison de la rue du Loup fut comprise dans cet acte ; madame Lusignan m'avait mandé qu'elle ne pouvait la garder pour son compte, et m'avait offert un nouvel acquéreur.

Il est bon d'observer que le sieur Lasserre, qui n'ignorait pas que cette maison ou son prix était comprise dans la première cession, m'écrivait dans la lettre de madame Lusignan, d'accepter cette dernière proposition.

Au surplus, et dans tous les cas, ce qui avait été fait à cet égard, entre la dame Lusignan et moi, étant sans date certaine, elle-même étant en ce moment, sous puissance de mari, était nul de

plein droit et devait être regardé comme non avenu, sauf son intégral désintéressement. Perée reçut une nouvelle somme de 1,000 fr. de M. Hostin,
pour son acquit final et le payement en indemnité
de son séjour; il rendit acquittée au sieur Hostin
la traite en blanc de 3,000 fr. que je lui avais consenti. Ce dernier exigea en outre de Perée et de
moi une reconnaissance particulière : ainsi monsieur Hostin eut double titre contre ma personne.

Il réitéra devant témoins irrécusables, témoins
que je puis désigner, la promesse, de l'entier rem-
boursement des avances de mon hôtesse.

M. Hostin partit ensuite, ne me laissant personnellement aucune somme. Avec lui s'évanouirent
ses promesses, et je me trouvai sans moyens d'exis-
ter, à la charge de mon hôtesse, et n'ayant d'autre
appui que dans la Providence.

CHAPITRE ONZIÈME.

*Dépenses excessives du sieur Hostin à Paris. — Sa conduite.
— Prise de la montre, déposée chez le sieur Fousecq, à
Bordeaux. — Correspondance. — Refus de secours. —
Nouvelle trahison du sieur Perée et son départ. — Négociation auprès de MM. d'Arlincourt, leurs propositions
conditionnelles et leur abandon. — Menaces du sieur Bernard pour obtenir une troisième cession. — Lettre infâme
du fils. — Connaissance du sieur Tasche. — Son départ
pour Bordeaux avec le sieur Baudran. — Inutilité de ce
voyage. — Calomnie du fils. — Refus de tout arrangement.
— Trahison de l'avoué Lasserre.*

J'avais réglé avec M. Hostin, avant son départ;
les sommes, par lui successivement fournies ou
payées pour mon compte, n'excédaient pas 3,000 fr.

M. Hostin avait touché environ 800 francs de

M. Fagedet , 2,000 et quelques cents francs de M. Lafond de Bordeaux , pour solde de son adju-dication : partant, il était à peu près soldé de toutes ses avances pour moi.

Mais le sieur Hostin portait ses prétentions plus haut; il voulait que je supportasse *seul*, toute sa dépense à Paris, s'élevant à plus de 8,000 fr... Il oubliait que le pupille est seul chargé des dé-penses, de la gestion de sa tutelle , surtout que je ne devais pas payer ses plaisirs.

Le sieur Hostin s'y était livré avec si peu de re-tenue qu'il ne put rester sous le toit hospitalier et fraternel sous lequel il avait été reçu... dans son nouveau domicile et quoique dans son onzième lustre, il avait multiplié ses bonnes fortunes... M. Carruel avait été témoin de ses amours et de son inconstance... Des plaintes avaient été portées en immoralité au ministère des finances contre le sieur Hostin , receveur particulier à Lesparre , Gironde , sous les dates des 15 décembre 1823 et 27 janvier 1824. (Notes données dans les bureaux de l'administration des finances.)

Ces plaintes avaient fait de justes impressions : elles avaient arrêté son avancement et je ne pou-vais suppporter *seul* ses folles dépenses... Du reste, on pourra se convaincre dans les bureaux du mi-nistère des finances de la vérité des faits que je viens de raconter sur la conduite du sieur Hostin pendant son séjour à Paris. Le résultat de ces re-cherches sera conforme à mon récit.

Le sieur Hostin s'était d'ailleurs emparé clan-destinement de ma montre à répétition, clef et cachet en or, que le banquier Fonsecq lui avait remise sans ma permission ; du portrait de ma femme et de la boîte dans laquelle il était encadré ;

des anneaux d'or de la même et de ma mère, qu'il est à croire que le sieur Perée lui aurait remis : enfin le sieur Hostin m'a retenu jusqu'à une valise que je lui avais prêtée à son départ, et que je n'ai pu ravoir.

Le sieur Hostin, dans ses premières lettres, écrites à mon hôtesse et à moi, avait continué ses promesses ambiguës ; puis, par degrés, il avait changé de ton, de style, et fini par le refus du plus léger secours , par une rupture ouverte... Son gendre avait imité ses exemples.

Dans le même temps Perée songea à retourner à Coutances, et termina avec moi par un trait digne de lui... Il fut chez le sieur de Paris, mon créancier, et lui offrit, moyennant 600 fr., de lui décéler mon asile, de lui vendre ma personne... Ce créancier rejeta cette proposition, et Perée partit sans avoir pu réussir dans son entreprise.

Dans cette cruelle position, je crus devoir tenter quelques démarches auprès de mes beaux-frères, MM. le vicomte et baron d'Arlincourt... J'envoyai chez eux des personnages recommandables... Ces témoins, dignes de foi, attesteront les refus, les discours outrageants, les réceptions malhonnêtes de ces deux messieurs ; leurs propositions réitérées de me donner une somme , si je voulais faire banqueroute et quitter la France, de solder mon hôtesse, si elle voulait m'éconduire de chez elle... Un bordelais revint à la charge long-temps après ; même haine, mêmes intentions, même refus... Enfin tous ces respectables envoyés ne purent obtenir successivement, et par l'importunité, qu'une faible somme d'environ 150 fr... On a essayé depuis, mais en vain, de pénétrer chez mes beaux-frères... Ils ont toujours maintenu leur consigne, ils ont été fidèles aux promesses faites à mon fils, qui m'avait desservi dans leur esprit et principalement auprès de M. le baron d'Arlincourt.

Néanmoins je dois i rappeler ici que, sur la prière de M. Guesnay, avocat à Coutances, d'être médiateur et arbitre dans les intérêts communs du père et du fils, le Baron d'Arlincourt répondait entr'autres passages, les suivans : « Si M. de Bourgade, » père, et son fils Édouard, mon neveu, conservent » de la mémoire et se rappellent encore différents » entretiens que nous avons eus ensemble au sujet » de leurs affaires générales, tant en particulier » que collectivement, ils se rappelleront parfaite- » ment que je leur ai toujours dit que jamais je ne » m'immiscerais dans les affaires particulières en- » tre le père et le fils. » *Par un dernier article...* « J'espère conserver encore assez de crédit sur » l'esprit du fils pour le rappeler toujours aux » sentiments de respect qu'il doit à son père, etc. »

Pourquoi donc, depuis cette lettre, M. le Baron d'Arlincourt s'est-il si fortement prononcé pour le fils contre le père ?... Pourquoi est-il son factotum à Paris ? Pourquoi M. Hostin et lui comptent-ils autant sur son zèle et son dévoue- ment en leur faveur ?... Pourquoi M. le Baron d'Arlincourt a-t-il défendu à M. Chauvin, son notaire, de délivrer une expédition du premier compte de tutelle déposé chez M. Dunays, son prédécesseur, fait que ne niera pas M. Chauvin, parce qu'il y aurait des témoins qui le lui rappe- leraient ?... Pourquoi envoie-t-il au fils tous les papiers qu'il lui demande ?... Pourquoi le Baron d'Arlincourt, sur l'envoi par mon fils de l'assigna- tion que lui a fait donner à Bordeaux, M. Gracien,

9

et où je suis mis en cause, s'est-il empressé de choisir le sieur Boucher, son avoué, pour celui de son neveu et ne s'est-il pas rappelé plutôt ce qu'il avait écrit le 5 mai 1820 : *Jamais je ne m'immiscerai dans les affaires personnelles et particulières entre le père et le fils ?* ... Pourquoi le Baron d'Arlincourt a-t-il fait donner au créancier Girard, à l'insu du père, une main-levée de son inscription ?... Pourquoi M. le Baron d'Arlincourt, oubliant sa lettre, ses promesses, ses discours, le nœud qui m'unit à lui et plusieurs autres souvenirs, entretient-il l'animosité du fils ? ne le ramène-t-il pas au respect qu'il doit à son père ? ne l'empêche-t-il pas d'écrire des lettres infâmes ? devient-il le complice de ses torts et l'instrument de leur ruine commune ?... Pourquoi encore ?... Mais la volonté de l'homme est ambulatoire et celle de M. le Baron d'Arlincourt l'a été à mon préjudice.

Je luttais ainsi contre ma fatale destinée, lorsque le 18 mai 1824 je reçus de Bordeaux une lettre du sieur Bernard, qui, en m'envoyant une copie nouvelle de la cession à renouveler, pour la troisième fois, à cause du double droit encore encouru, me menaçait de me faire arrêter de suite, si je n'envoyais à Bordeaux, signée de moi, cette troisième expédition... Je me refusai, pour cette fois, à cette signature et j'attendis les évènements.

Cette lettre avait été précédée d'une autre de mon fils, écrite à mon hôtesse sous la date du 4 du mois de mars... Quoique cette lettre infâme méritât d'être transcrite, ici, en entier, pour donner une juste idée de la rage délirante de son auteur, je me bornerai à quelques passages : elle porte que l'ingratitude, l'égoïsme et la jalousie ne me quitteront qu'au tombeau... Que je n'ai point administré, en mon ame et conscience, sa fortune... Que la religion que je parais idolâtrer me défendait de surprendre celle des juges... Que je ne lui ai rien envoyé, soit à Naples, soit dans sa captivité, oubliant mes cessions extorquées en sa faveur et les promesses faites en son nom, il ajoute qu'il ne me doit point de pension alimentaire, que c'est à moi de l'indemniser... Qu'il souhaite que mon repentir ne soit pas trop tardif... Qu'il va me faire comparaître en justice devant les tribunaux pour répondre sur faits et articles, à l'égard de ce qu'il appelle mes *gabgies* avec ses créanciers... Que je dois trembler de comparaître un jour devant le tribunal de Dieu... Que depuis qu'il a la connaissance de la raison, il a inutilement fait tout ce qu'il a pu, soit par écrit, soit de vive voix, pour me remettre dans le sentier de l'honneur et de la délicatesse dont je suis écarté depuis long-temps. (Lett. du 4 mai 1824 à la dame Cariot.)

Cette lettre écrite par un fils ne peut souffrir de commentaires : sa lecture porte l'indignation à son comble, rien ne peut l'augmenter : rien ne peut l'affaiblir. Les faits précédemment rapportés font juger de la vérité des allégations du fils ; l'ensemble de ces faits, leur évidence démontrée doivent fixer sur les imputations d'un fils qui, loin de cacher les torts réels qu'aurait pu avoir son père, ne craint pas de lui en prêter de faux, pour le perdre sans retour, en l'accablant sous le poids d'atroces et de dégoûtantes calomnies, et foulant aux pieds ce commandement *père et mère tu honoreras* et tous les principes de la morale.

J'étais alors en relation avec M. Tache, receveur des rentes à Versailles : il prit connaissance de mon actif et de mon passif : il reconnut la pos-

sibilité de faire l'exploitation de la forêt de la
Teste, d'opérer ma liquidation, et de rétablir ma
fortune sans diminuer celle de mon fils ; dans cette
vue, il s'entendit avec un sieur Baudran de Paris.

Ces messieurs partirent pour Bordeaux à la fin
de septembre 1824, dans l'intention d'offrir à mon
fils 40,000 fr. pour ses droits, afin de pouvoir suivre le projet de ma libération qu'ils avaient conçu :
ils virent, en conséquence, mon fils et le sieur
Hostin... Ils avaient profité du bénéfice de la loi
de juin précédent, pour faire enregistrer, sans
payer le double droit, les actes de tutelle et de
cession qui étaient sous seing-privé ; le banquier
Fonsecq leur avait avancé 3000 fr. pour parvenir
à cet enregistrement... Ils n'avaient plus besoin de
moi ou du moins de ma signature : le père et le
gendre se refusèrent donc à tout et rendirent inutile ce voyage de MM. Tache et Baudran... Cela
ne leur suffit pas encore :... Fidèles à leur plan de
diffamation, ces deux individus me calomnièrent à
leur ordinaire, et réussirent à donner de moi à
M. Tache une opinion défavorable et à me priver
des secours de son obligeance : aussi, depuis son
retour à Paris, je n'ai eu aucuns rapports avec lui.
La conduite de mon fils, dans cette circonstance,
ne démentit point celle de celui qui avait écrit la
lettre du 4 mars ; si mon fils convint avec M.
Tache qu'il avait des torts envers son père, il ne songea pas à les réparer, à les atténuer même, puisqu'il lui avoua que la lettre du sieur Bernard
n'avait été écrite que par son instigation.

Enfin, par surcroît d'infortune, le sieur Lasserre, mon avoué, porteur de ma procuration,
m'avait abandonné, avait trahi ses devoirs et ma
confiance, avait embrassé le parti de mon fils et

m'avait complètement desservi auprès de messieurs Tache et Baudran... J'ignorais cette trahison et je ne pus être fixé sur le compte de ce fonctionnaire que quelques mois après : et il était trop tard.

Cependant ma position était affreuse et mon désespoir à son comble... C'est dans les angoisses, les inquiétudes, les alarmes les plus cruelles que je passai l'automne et l'hiver, et ce fut à un miracle continuel de la Providence que je dus la conservation de mon existence.

CHAPITRE DOUZIÈME.

Nouveau voyage de MM. Mure et Gracien à Bordeaux. — Impossibilité d'une transaction à l'amiable. — Refus du fils de venir au secours du père et d'une pension alimentaire. — Résolution d'en repousser la demande, s'il la formait. — Dénuement complet du père. — Action en nullité du troisième compte de tutelle et des actes de cession. — Mise en cause du cédant. — Son obligation de dévoiler à la justice tout ce qui s'est passé entre lui et son fils.

Mon fils, après avoir donné à l'acte de cession des biens qu'il m'avait arraché, une forme légale et une date certaine, avait fait transcrire ce titre, et se préparait à le faire dénoncer aux créanciers inscrits.

L'avoué Lasserre, avec lequel le sieur Hostin et mon gendre avaient composé pour l'attirer à eux et devenir par-là maîtres de tous mes papiers, de tous mes secrets, de tous mes moyens de défense, le sieur Lasserre, dis-je, s'était chargé de remplir toutes les formalités prescrites.

La signification avait été faite, par lui, au nom de mon fils... Les délais couraient pour une sur-enchère... MM. Murc et Gracien, mes créanciers, le premier de mon fils et de moi, le second, de moi seul, partirent pour Bordeaux, le 19 mars dernier... Ils espéraient de parvenir à une transaction... Ils virent M. Hostin et mon fils. Ces derniers parurent vouloir composer, éludèrent, promirent, se dédirent et finirent par vouloir tout garder, sans payer personne, sans me donner des aliments.

Ainsi l'intérêt mal calculé rendit sourd a tout accommodement ce fils dénaturé... Il le préféra, cet intérêt, à l'honneur, au bien-être de son père, au sien propre... Ainsi, et sans calculer les chances qu'allait courir ce fils, la position affreuse dans laquelle il réduisait un père qui avait tout tenté pour se sauver avec lui, qui avait dévoré en silence l'oubli, les outrages, l'abandon, la calomnie, le déshonneur, qui pouvait se trouver dans la cruelle obligation, s'il en était judiciairement requis, de dévoiler bien des choses nuisibles à son fils, le beau-père et le gendre, conseillé par le Sr Lasserre, refusèrent toute proposition et laissèrent repartir MM. Mure et Gracien, sans aucun résultat.

Cependant, le sieur Gracien, dans une visite à M. Lasserre, muni de lettres et d'une procuration *ad hoc*, lui avait demandé à s'entendre avec lui dans mes intérêts, et surtout, la communication de certains titres dont le sieur Lasserre était dépositaire... La réponse de cet avoué avait été : Je n'ai aucuns papiers ; je suis l'avoué du fils, je ne puis être en rien pour le père... N'est-ce pas le cas de s'écrier ici, avec l'orateur romain, *O , tempora! O, mores!*

En conséquence de ces refus obstinés, M. Gracien assigna mon fils devant le tribunal de Paris dans les délais voulus par la loi, en nullité des actes de cession et du troisième compte de tutelle qui en avait été le principe... Il attaqua tous ces actes comme frauduleux, comme extorqués par la violence, comme excédant les droits du fils; il lui demanda compte des jouissances par lui perçues de mes biens sans pouvoir de moi... Je fus mis en cause par signification du 9 mai dernier; je me vis forcé de dévoiler à la justice, pour ma défense, pour mon honneur, pour mon devoir, tout ce qui a eu lieu entre mon fils et moi, d'être l'instrument peut-être de notre ruine commune, enfin je me trouvai dans la cruelle nécessité d'écrire ces Mémoires.

Ainsi donc, j'ai mis de côté toutes considérations particulières, j'ai fait taire le cri de mon cœur... J'ai commencé ma pénible tâche, je l'ai suivie avec courage, je l'ai terminée avec vérité, sans crainte comme sans passion... Parvenu au but que je m'étais proposé, il ne me reste plus qu'à faire, dans un dernier chapitre, le résumé de tout ce qui est contenu dans cet écrit rapidement esquissé, et d'en tirer les justes conséquences que le sujet commande.

Mais avant de l'entreprendre, je dois observer, ici, que je n'ai été qu'un simple historien, me réservant de développer les questions de droit dans un précis particulier, où j'établirai la nullité radicale des actes illégaux de ma dépossession, actes en tout contraires aux modes voulus pour la transmission des propriétés et aux lois qui nous gouvernent.

CHAPITRE TREIZIÈME ET DERNIER.

RÉSUMÉ ET CONCLUSIONS.

Mon but, dans ces Mémoires, a été de rendre hommage à la vérité, de venger mon honneur, de détruire la calomnie, d'en signaler les auteurs et les complices, de faire connaître les causes de mon dépouillement, les moyens employés par mon fils et ses conseils pour y parvenir, pour opérer une cession frauduleuse en sa faveur, tant par l'exagération des droits du cessionnaire que par la vileté du prix stipulé à chacun des immeubles compris dans cette illégale cession, d'expliquer les conditions sous lesquelles elle devait avoir lieu, conditions qu'on n'a jamais voulu tenir, ce que prouve le barbare abandon dans lequel le fils laissé le père victime de sa bonne foi, de son amour, de sa confiance, et la coupable résolution de ce fils de ne payer aucun des créanciers, d'en chicaner les titres, en oubliant ce que lui commandaient la probité, la délicatesse et le devoir.

Celui du père était de payer ses créanciers par tous les moyens qui sont en lui et de leur rendre ce qu'il a reçu d'eux... Il doit prouver que tel fut, en tout temps, son dessein, et qu'en cédant, même forcément, ses biens à son fils, il n'a pu penser, il n'a pu supposer que ce fils pourrait s'oublier et compromettre ses intérêts au point de garder en totalité l'espèce de fidéi-commis, qu'il avait conditionnellement reçu.

Pour opérer mon entière justification, j'ai dû me faire connaître entièrement, et je ne pouvais mieux y parvenir qu'en esquissant l'histoire de ma vie, qu'en mettant en évidence toute ma conduite, qu'en dévoilant mes sentiments les plus secrets avec toute la dignité de l'innocence, avec l'accent de la vérité.

D'abord j'ai dû, dans une première partie, offrir le tableau de ma vie privée, à partir de ma première enfance... On connaît, par les premiers principes qu'on a reçus, par les premiers sentiments qui nous ont dirigés, ce que l'on fut, ce que l'on est, ce qu'on sera toute la vie... On se fixe sur ce qu'a pu faire l'individu soumis à notre examen, sur l'opinion qu'on doit se former de lui, sur sa moralité, sur ses principes.

L'histoire de la tutelle de mon fils, contenue dans la seconde partie, s'attache directement au but particulier de ces Mémoires, éclaire sur la conduite du père et du fils, asseoit le jugement qu'on doit porter sur chacun d'eux. Tous les détails étaient essentiels, tant pour le pupille et le tuteur, que pour leurs créanciers communs, intéressés à l'examen rigoureux de la reddition de compte que je devais.

L'époque de la première restauration et ma nomination à la place de juge, par où finit cette seconde partie, était encore à signaler, parce qu'elle conduit à l'exposé de ma vie publique, qui fait le sujet principal de la dernière partie et de la plus intéressante de cet ouvrage.

Le tableau des faits qu'elle renferme prouve l'opinion politique de l'auteur, sa constante fidélité à son Roi légitime, sa délicatesse dans l'exercice de ses fonctions, les injustices, les calomnies, l'ingratitude, la trahison dont il fut la victime.

Enfin le résumé général de ces trois parties démontre incontestablement que celui dont elles retracent l'histoire, ne fut jamais étranger à aucun des devoirs de fils, de père, de sujet et de chrétien.

Les Conclusions qui ressortent de cet ensemble sont aussi faciles à déduire, que justes dans leurs principes et leurs conséquences.

Un grand acte de justice est indispensable... Un père trahi, abandonné, dépouillé par les manœuvres de son fils et de ses conseils, demande vengeance et aliment : il doit les obtenir.

Des créanciers de bonne foi, après avoir épuisé toutes les voies de conciliation, demandent aussi qu'on annulle les actes frauduleux faits à leur préjudice, extorqués par la violence, et qui les dépouillent complètement ; ils doivent l'obtenir.

La morale, la probité, la religion, le principe sacré de l'amour filial méconnu demandent qu'on les vengent de l'oubli, de la transgression qui a été faite de leurs devoirs, au grand scandale de la génération présente et de la future... Ils le demandent aux organes de la loi, à ceux qui sont préposés pour faire respecter les grands liens qui unissent les hommes les uns aux autres ; enfin l'intérêt de la société demande qu'un grand exemple soit donné ; et les uns et les autres doivent l'obtenir.

Quant au père, qui a été forcé de dévoiler sa propre honte, d'écrire l'histoire de ses infortunes, il a rempli la tâche que la nécessité lui a imposée, celle de justifier son honneur, de tout sacrifier pour l'acquit de ses engagements... Il a fait son devoir... Dans la retraite, à laquelle le condamne le Grand Maître de l'univers, il pourra encore dire, en faisant un juste retour sur lui-

même , je fus malheureux sans l'avoir mérité ; j'ai
été victime de mon inexpérience, et je fis tout pour
en réparer les funestes suites... mais il ne fut pas,
en moi, de maîtriser mon destin... Je me soumets
aux ordres de la Providence : je me soumets à ses
décrets ; je m'en rapporte à sa justice... J'attends
en paix ma dernière heure ; je puis mourir sans
crainte et sans remords.

DE BOURGADE.

Paris , le 10 juillet 1825.

9 782014 02998